まされる宝

心療内科医とその妻の
子育てエンジョイ記

岡部 憲二郎《Okabe Kenjiro》
登喜子《Tokiko》

父方祖父と 4 人の子供達

あけび書房

はじめに

しろかねも　くがねも　たまも　なにせむに　まされる宝　子にしかめやも
（山上憶良）

万葉の時代から、銀や金や宝石などよりもずっとすばらしい宝物は子供だ、と言われています。確かに、子供はかわいいですし、いるだけで華やぎます。お金なんかなくても、〝貧しいながらも楽しい我が家〟を作ることができます。そして、その〝楽しい我が家〟には子供の笑い声がよく似合います。

私たち憲二郎と登喜子は１９８０年1月に結婚しました。憲二郎28歳、登喜子24歳でした。そして、お陰さまで、私達夫婦は４人の子宝に恵まれ、それらの子宝を育てる機会を与えられました。育てる過程で、私達は様々なことを学び、子供達と一緒の楽しい時間を持たせていただきました。

もちろん、子育てには苦労が付きものです。私達も、上の２人のアトピーがひどく、痒がったこともあり、夜泣きにかなり悩まされました。また、病気をしたり、けがをしたりすることがよくあって、その度に心配したり、あわてふためいたりしました。しかし、それらは苦労といえるほどのものではなく、親としての自覚を高め、私達の懐を深くするためのトレーニングだったのかもしれません。

この本は、家内（登喜子）が育児日記を書きかけたことに始まります。家内は初めての子に対して、自分の子供に対する思いと、何時にお乳を飲んだか、便が出たか、どんな変化があったかなどの成長とを記録し始めました。彼女は専業主婦で、私（憲二郎）が仕事に行っている間、ずっと子供と2人の生活でした。それに、家にはテレビもなく、全く新しい土地で友人もいない、という状況でしたから、書くエネルギーが十分にあったのでしょう。

ところが、1年が経ち、2人目が生まれてからは、子育てに追われて時間の余裕がなくなり、書く量が減ってきました。それに代わって、私が主に書くようになり、後半はほとんど私が書いています。途中、両方が書いており、どちらが書いたのかわかりづらくなっています。そのため、第1章、第2章は家内の筆によるものはそのままとし、私が書いたものを（K記）とし、逆に、第3章、第4章は私が書いている場合はそのままとし、家内が書いたものを（T記）と記しています。

この本は、もちろん子供達の成長の記録が主体ですが、随所に私の生き方や考え方などを書いています。私は心療内科医です。心療内科医は患者さんの気持ちを汲み取ることをとても大切にしています。ですから、子育てにおいても、子供達の気持ちを汲み取るように努力しました。そして、子育ての過程で、しばしば子供達を叱っていますが、子供達を褒めることや認めることをそれ以上にしてきたつもりです。

さらに、子育てをしながらも、私達夫婦は人生をエンジョイし、今あることを喜び、感謝してきました。また、この本の中で、私は心身医学の知識や経験をふまえて、子供達の言動や行動をどう理解すればいいだろうかと考えています。そして最終的に、病気に対して、どう受け止めればいいのかの結論を出しています。


この本は、元々私達のための記録であると同時に、将来、子供達が大きくなった時に、彼ら自身が自分をより良く知るための参考になるだろうと期待して書いたものをまとめたものです。

それを敢えて公にしたいと思ったのは、子育てに悩む親御さんがたくさんおられ、あまたの育児書が読まれていますが、それらの多くは一般論であって、もっと具体的な話を示したいと考えたからです。

人にはそれぞれのやり方、考え方があって、どれが正しいかを決めることはできません。私達夫婦はこんな風に考え、こう言い、こう行動した、ということを提示することで、それらがたたき台になってくれることを願っています。

読者のみなさんが、「私ならそんな言い方をしないで、こんな風に言う」と考えてくださったり、そんな考え方もあるのかと参考にしてくださったりすれば幸いです。

なお、４人を育てる過程で色々な人にお世話になりました。お世話になった方々は感謝の意味をこめて、敢えて実名とさせていただきました。そして、多少差し障りのありそうな人や多くの子供達は個人が特定できないように仮名にしました。ご了承ください。

読み返してみますと、何か事ある度に誰かに手を差し伸べていただいたことを改めて感じます。ここにそれらの人たちに心からお礼を申し上げます。

岡部　憲二郎

もくじ

まされる宝

第3章　第3子誕生……97

第4章　第4子誕生……185

愉喜子のけが／大地の自己主張／机が1つしかない／身の安全を守る本能
机が届いた／大地の強引さと欲張り／「バーカ」／強情さと素直さ
けがと病気が絶えない／子供達は覚えるのが速い／ぼくもやりたい
お父さん嫌い？／お小遣い／おへそを舐める／車／小3に負けた
ボクの責任重大やな／責任を取ること／お小遣い(2)
自分の負けを素直に認める／みんなのおかげ／親の欲張り
陽介の宿題／使い方も知らんのに使うな／愉喜子が譲った
海水浴／定期が切れた／陽介君10歳の誕生日
ボクいい子にしてたからね／陽介、パパがついてるぞ
お母さん、ちょっと来て／通知簿／大地の強情／けんかの仲裁
どこかで聞いた言葉／塾／マージャン狂い／陽介に頭が上がらない
ドラえもんのベッド／永久歯が抜けた／ごちゃごちゃうるさいなぁ
たばこは体に毒よ／やっぱり何も言わないでおこう／稲田塾
行儀／お母さんの失敗／うそつき／けなげな人が好き／キセル
わからないことをわかろうとする勇気／学校へ行きたくない
そんなん言うたりなや／引っ越し／魚とり名人／欲張らない
グァム旅行／明海の夜遊び／上手でなくてもいいもん／反抗期

第1章 第1子誕生

ベビーダンスの前で　登喜子と明海

●第1子（明海《あきうみ》）誕生

1980年11月5日（水）

まっ黄色の世界が見えたすぐ後
大きなまるいものを感じ
次のいきみのときには
手や足が絡み合ったまま
ひとつになって出ていくのを感じた
その後のやすらぎは
すべての痛みよりはるかに大きかった
そして 大きな赤ちゃんの声
あれはわたしの子どもの声？
赤い顔　５本の指　足も２つ　ちゃんとついている
「男の子ですよ」って
ああ 生まれたんだ

あまり急いで出てきたものだから

会陰が切れたらしい
「激戦のあとだね」って
けんじろうさんがやさしい顔で言ってくれた

1980年11月6日（木）

昨日はまっ赤だったのに、生後2日目になると もう顔は白くなってとてもきれいになった。

昨日まで大きなお腹だったのが、まるでうそのようにへこんでいる。

あの子が10か月もの間、私の中で生きていた。こんなにかわいい子がいるなんて。

まぶたの下でせっせと目を動かしている。かわいい口。

「小さいけれど　元気ですよ」って、よかったね。

1980年11月7日（金）

ようやく乳首に吸いついてくれた。まだおっぱいを飲むというのではなくて、なめてるくらいだけれど、でも嬉しい。目も少し開けた。焦点は合っていないけれど。私の顔がわかったかな？

「この子がこの世で初めて見たのは　ぼくだからね」って、けんじろうさんが、いえ、お父さんが自慢げに言ったけれど、お父さんの次は私よ。

1980年11月8日（土）

今日は体重が少し減ったので、私のところにはお出ましになれませんでした。少し吸い方がうまくなってきたかなと思っていたところだったのに。

「明海（あきうみ）」っていう名に決めたんだって。

1980年11月9日（日）

ようやくご登場。おいでなさいませ。

必死になって吸わせたけれど、足りないといっては泣く。泣く時は それまでのほんのりとした顔がもうそれはそれはくちゃくちゃになって、涙をぽろぽろこぼしている。たくさん飲んで、大きくなって、一緒に帰ろうね。元気な子でよかった。

今日は博多に住んでいる（登喜子の）叔父さん、叔母さん、従妹《いとこ》達が来てくれました。いい顔してるって。天理（母方、奈良県）のおばあちゃんが作ってくれたねんねこ（子供を背負った上から着る防寒のための半纏）好評ですよ。

注：この頃、憲二郎は九州大学心療内科に勤めていて、九州大学病院で出産した。

1980年11月10日（月）

今日は一日私のそば。朝から忙しい。退院指導があり、お風呂の入れ方も教えてもらって、いよいよ明日は退院。お父さんがお昼に来て、また写真を撮ってくれたよ。出生届も出したんだって。

●産科退院

1980年11月11日（火）

一緒に帰れます。小さいけれど元気だからって。

初めての風に吹かれて、初めての日光を浴びて。久々の家はやっぱりいい。落ちつく。

昨日は もうあなたが生まれていたことをちゃんと自覚した夢を見たよ。おもしろいね。

1980年11月12日（水）

退院して初めての朝。親子3人のしあわせ。頭を3つ並べて、顔向き合って。

お風呂に入ると、足を伸ばしてとても気持ちよさそう。ちっちゃいけど、ほんとに元気。乳首が小さいから飲みにくそう。申し訳ないね、がんばって吸ってね。

1980年11月13日（木）

網干（父方、兵庫県姫路市）のおばあちゃんがみえました。2290gだからどんなにちっちゃいのかと思ったって。でも少しやせてるだけで、あんまり変わらないって。

お父さんは夜の11時頃になってようやくお帰り。天理のおばあちゃんは生まれる前から来てくれている。１ＤＫの狭いお部屋で5人で寝ました。

1980年11月14日（金）

朝、お父さんは早くお出かけ。昼、網干のおばあちゃんがお帰りになりました。その後、昼寝をしたいなと思ったけれど、明海はなかなか寝ない。でも、何とかおっぱいが出るからよかった。たくさん飲んだらよく眠ってくれるし、しぼる必要もない。

子供におっぱいを吸われる感触、母親だけが味わう感覚。強く吸われると、胸がきゅうんとなる。痛みもあるけれど、頭の中を充足感がよぎる。

まだ客観的になれず、これがけんじろうさんと私の子だとは実感できない。でも、顔を見ると、やっぱりけんじろうさんに似てる。

お父さんは仕事で忙しい。週に1回は泊まりの勤務がある。お父さんの帰りが待ち遠しい。

1980年11月17日（月）

初めて湯船にいれてあげた。

素直なやさしい子に育ってほしいと思う。そう育つかどうかは、私達親の責任。親が育てるように子は育つのだから。

1980年11月18日（火）

親と子の必死の格闘。だんだん吸うのがうまくなるみたいだけれど、なかなか一筋縄ではいかない。一所懸命吸おうとする表情はやはり生きようとする意欲の表れだろう。無意識なのに、本能とはたくましいものだ。ここに一個の人間、別々の人間の存在がある。

1980年11月21日（金）

今日おばあちゃんが天理に帰りました。ありがとう。明海は泣いてお見送り。

お父さんは朝6時の新幹線で東京へ、間に合ったかな？

昨日は明海の写真が現像できて、皆で見ましたよ。「赤ちゃんみたいな顔をしてないね」って。おばあちゃんが持って帰ったから、天理にいるみんなも見るだろうね。

お父さんが、赤ん坊が笑うのはお母さんを喜ばすためだって言ったけれど、ほんとう？　おばあちゃんは神さまに愛されてるからだって。どちらにしても 明海が笑うのを見ると、とても嬉しいよ。これからも たくさん笑ってね。

1980年11月24日（月）

家に帰ってきてから初めて外に出た。港のそばのコンクリートの道が何となくでこぼこしていて、私の足が浮いているみたいだった。でも、気分が良かった。下界に降り立った気分。

昨日の夜中、1時間半よく泣いたね。とてもかわいそうだったけれど、飲ませるのは3時間おきにしたいから。

自分が死んでもこの子だけは、という母の気持ち、胸の奥でよくわかる。いとおしい。お父さんも何とかかんとか言いながら、明海のことが気になって仕事できないって。

1980年11月28日（金）

昨日は博多の叔母さんがみえて、お寿司やらケーキやらを持ってきてくれました。

親はどうしても自分が生きてきたやり方で、自分の子供を育てようとしてしまう。でも、その子にもその子なりの自己があり、生き方がある。だから、それを認めて、その子なりの育て方が必要で、そういう目で見てやることがやさしさなんだ、って言われた。何もかも初めてで、そそっかしいことをするかもしれないけれど、温かく育てたい。ふんわりと、まとわりつかず、離れずに。

●泣き止まない

1980年11月30日（日）（憲二郎が記す。以下、第1章、第2章で憲二郎が書いたものはK記と略）

ギャァー！　ギャァー！　ギャァー！　と、どうして毎日そんなにうるさいんだ！　いくらことばがしゃべれないからといって、何もそうしょっちゅう大声で泣くことはなかろう。乳を飲ませてやらぬと言っているわけではない。おしめも放ったらかしにしているわけではない。抱いてもやっている。一体どうしてほしいというのだ？　おなかが小さいから一度にたくさん飲めないことはよくわかる。だからといって1時間か2時間ごとに泣いてもいいということにはならないぞ。

おまえの誕生を祝福してくれた人達の数は20を下らない。おまえのために用意されたベビー用品の何と多いことか。お母さんは おまえが生まれる半年以上前から、せっせとおまえのおしめやじんべさんやおくるみを作っていたし、天理のおばあちゃんはおまえが生まれそうだというと、博多にすっ飛んできてくれた。いくら泣いても、どんなにぐずっても、おまえは愛される存在だ。どうかそれをひとり占めにしないで、おまえが大きくなった時に、おまえが受けた以上の愛と祝福を与える人間になってほしい。

1980年12月3日（水）

今日お父さんは当直。北九州まで行くんだって。お父さんは毎日お仕事一所懸命。明海も一所懸命やる人間になってほしい。

午後にますみおばちゃん（登喜子の妹）が来ます。来たら、お風呂に入ろうね。いっぱいお祝いを持ってくるって、楽しみだね。

1980年12月5日（金）

今日ますみおばちゃんが天理に帰りました。お祝いの大きな荷物をたくさん持ってきてくれて、おむつを干してくれて、歌を歌ってくれて、2人で大笑いをした。「やっぱり姉妹《きょうだい》はいいね」と言いながら。2泊3日だったけれど、とても楽しかった。昨日は明海がとてもおりこうさんだったから良かった。

明日は1か月健診。今度は2か月をめざして、お父さんと3人でがんばろうね。

●1か月健診

1980年12月6日（土）

3645gだって。3週間で1245gも増えたんだね。ほんとに満足するまで泣いてくれるし、よく飲んだから。一時はどうなるかと心配していたけれど、よかった。この調子でいくと大きい子にも追いついちゃうね。これでお父さんも心おきなくいたずらができるよ。

ところで、健診の最中、おまえは女の子におしっこをひっかけたんだよ。申し訳なかったけれど、元気いっぱいの証拠。たくましく育ってほしい。

2日前、明海をますみちゃんに預けて、内祝を買いに行ったけれど、たった半日明海のそばを離れていただけなのに、とてもさみしくなった。やわらかい頬、愛らしい口元、ちっちゃい体、ぎゅっと抱きしめる感覚がとても懐かしくなった。

1980年12月11日（木）

今年もあと20日、なんて考える日になった。ああ、ここまで来れた。去年の今頃はまだ独身で、親と天理に住んでいたのに、今ここにこうして、妻として、母として、新しい命と共に生きている。

喪中のはがきが4枚も届いた。しかし、うちの年賀状には、子供が生まれました、と嬉しがって書くだろうな。

よくおっぱいを飲むようになったので、お母さんはおっぱいをはらすのに必死。でも、夜もミルクを作らなくてすむので楽。えらくなったね。けれど、もう少し泣くのが何とかならないかなぁ…。

1980年12月20日（土）

風邪を引いてしまった。内祝やらお歳暮やら、しなければいけないことがたくさんあった。そのため、出かけなければならなかったけれど、出ても気が気じゃない。それに、慣れないことばかりで、少し疲れているのだろう。

結婚しても、しばらく子供を作らない人もいるし、育児ノイローゼにかかってしまう人もいるけれど、そういう人達の気持ちが少しわかる気がする。自分のことなど何もできず、夜もろくろく眠れず、四六時中子供のことばかりになっているのだから。

それにしても、眠る前のひと泣きはどうにかならないかなあ。声を嗄《か》らすほどにまで泣かなくてもいいと思うんだけど。

●初めての帰省

1981年1月9日（金）

12月24日に2人で初めて網干に帰りました。おじいちゃんとおばあちゃんの顔を見て、お父さんが生まれて育った家で寝ました。25日の朝、今度はお母さんがいた天理に帰りました。よく泣くのでおじいちゃんがびっくりしていました。27日にお父さんが迎えに来てくれて、28日に再び網干へ。お父さんの実家は天理教の教会で、住み込みさん達が何人もいて、お餅をついたり、おせち料理を作ったりで、年末はとても忙しい。お母さんはそのお手伝い。

明海は相変わらずよく泣くけれど、みんなよくめんどうをみてくれました。炊事場と寝る部屋とは別棟で、お母さんが炊事場で仕事をしていると、「泣いてるよ」って、おじいちゃんが時々言いにきてくれました。

お正月はお雑煮をいただいて、お墓参り。その足で海を見に行きました。その後、元旦祭。あわただしいお正月だけど3人で迎えた初めてのお正月。2日にはお父さんの姉妹《きょうだい》がそれぞれの子供達を連れて帰って来られて、夜は大変でしたよ。お父さんやお母さん達はトランプをしようと必死。おばあちゃんとおじいちゃんが子守りをしてくれました。

3日にはまた天理に帰って、ここでも夜は子供達を寝かせてのトランプ。あっちでもこっちでも楽しかった。5日は朝5時に起きて、久々の博多に。色んなものに乗って色んな所へ行って疲れたかな？でも、元気だから大丈夫だね。

お父さんは昨日とても早く帰ってきた。朝から下痢して、昼も何も食べなかったんだって。夕方はお粥と少しおかずを食べたっきり。それでも今朝早くお出かけ。こちらの方が大丈夫でないみたいですよ。結婚してから初めてじゃないかな、あんなにしんどそうなのは。

この頃、泣き声は泣き声でうるさいけれど、ああ、これが私の子の声かと、しみじみ喜びにひたることがある。亡くなった子供の記事を見るにつけ、元気でいてくれればいいと思う。「知り合ってからまだ2年も経ってないいんだよ」ってお父さんが言ってた。ほんとに。だのに、もう2か月の子がいる。めぐり合いとはかくもおかしなもの。

私はこんなに幸せでいいんだろうか。

●初めての結婚記念日

1981年1月16日（金）

昨日は結婚記念日で、王将で〝10皿の餃子を食べれば無料〟に挑戦したけれど、あえなく敗退。残念！　その後3人でパーティー。お父さんはこの1年長かったって。色んなことがあったものね。

おなかの小さいうちは 色々なことができた。大きくなってからは、まだかまだかと生まれるのを待ちこがれ、生まれてからは 早く大きくなれって思う。

目ヤニは随分減ってきた。ご機嫌の時は「アーウー」と一人で遊んだり、ふとんの端をペチャペチャなめたりし、あやすと、嬉しそうに目を細めてくれる。私の方を向いて笑ってくれるのを見ると、やっぱりこの時のためにあの痛みがあったと思う。

●アトピー性皮膚炎

1981年1月28日（水）

目の周りのぶつぶつがまだ治りそうにない。痒いのかな、顔をこすりつけてくる。頭の吹き出物も少し広がっているかもしれない。毎日よく洗ってあげているんだけれど。

1981年2月8日（日）

頭の皮膚がはがれて髪がうすくなってきた。口の周りも赤くて、痛々しい。よく泣く。

お父さんが久しぶりにお風呂に入れてくれた。

1981年2月11日（水）

お昼から、おんぶして水鳥を見に行った。少し寒かったかな？　帰ってきてからコホンコホンしている。

お父さんは今夜、古賀病院へ行った。来月からは毎週水曜も当直をするんだって。さみしいね、水曜と金曜に居ないと…。

でも、3月はあっという間に過ぎそう。忙しくなるからね。

1981年2月12日（木）

朝から少し咳、くしゃみも時折まざる。さあ大変、風邪をひいたかな？　でも、おっぱいはよく飲むし、熱もなさそう。ご機嫌も悪くないから、静かに寝ていたら良くなるだろう。今日は少し寒いので、昼からストーブをつけた。昨日はもっとたくさん着せていくべきだった。

1981年2月19日（木）

今日は母子共に調子悪いので、お風呂に入らなかった。特に、お母さんは咳で苦しい。

1981年2月20日（金）

頭の湿疹でただれている所から汁がたくさん出る。そのため、敷いているガーゼがすぐ汚れる。何かで興奮すると、そこをものすごく引っ掻く。痒いんだろうな。

1981年2月23日（月）

風邪は少しずつ良くなって、あまり咳をしなくなった。頭のただれも薄皮がはり、治りかけてきた。掻かないといいんだけど、すぐ引っ掻いて破いてしまう。

お向かいさんちでテレビを見ていると、テレビの方を懸命に見てたね。

1981年3月3日（火）

頭と体の湿疹がひどいので、昨日皮膚科で診てもらった。ステロイド軟膏とシロップをもらって、塗って飲ませたら随分良くなっている。

1981年3月4日（水）

昼から運転免許センターへ行ったが、長引いてしまった。明海が泣いているだろうと気もそぞろだったけれど、仕方ない。バスを降りて、走って家に戻ってドアを開けたが、泣いてない。アレッと思った。もう泣き疲れて、目を真っ赤にして、キョロキョロしていた。私の顔を見て笑う。かわいいね。すぐ抱っこしてやった。

1981年3月5日（木）

もう4か月目に入った。そろそろ不規則だった離乳食を正しくやってあげなきゃいけないね。おっぱいを飲んでいると思ったら、キョロキョロよそ見をする。周りの物や人にすごく興味を示すようになった。

●兄の結婚式

1981年3月13日（金）

兄（登喜子の次兄、徳次）の結婚式のため天理に来た。新幹線に乗って疲れたのか、落ち着かないのか、夜何回も起きた。

1981年3月14日（土）

朝、私がいないとすごく泣いたらしい。目をはらして、すごい顔になっていた。おばあちゃんやおばちゃんが根負けしてたよ。もうめんどう見切れないってさ。困ったね。でも私の腕の中だとおとなしいね。

お父さんが来てくれたせいか、少し慣れたのか、お母さんが落ち着いたのか、夜はよく眠った。

1981年3月15日（日）

結婚式では大きな声で泣くから困ったよ。外に出てあやしたら眠ったけれど、すぐに起きてしまって、親族固めの盃の時も、お母さん遅れてしまって申し訳なかったよ。いつもはお母さんと二人きりで静かだから、きっとびっくりしたんだろうな。うとうとしていても、周りの音ですぐに起きてしまう。

帰りの飛行機の中では、おっぱいを吸いっぱなしで、離すと泣き出す。いつもならおねんねの時間だもんね。家に帰ってきて、おふとんの中に入ると、嬉しそうにガーゼの掛布団をバタバタ持ち上げている。自分の物だというのがわかっているのかもしれない。

1981年3月17日（火）

今日は離乳食をとてもよく食べた。スプーンを口へ持っていくと口を大きく開ける。初めは嫌そうな顔をしたけれど、慣れるに従い口を前に出すようになった。私は感激。喜び過ぎて、たくさんやり過ぎてはいけないと思うくらい。

1981年3月24日（火）

20日から網干へ帰った。行きの新幹線ではキョロキョロし、帰りはずっと寝てたね。少し疲れたかな、大勢の中にいて。でも、みんなに会えてよかったね。明海が泣くのにもかかわらず、おじいちゃんは抱いてくれたし、おばあちゃんは手袋を買ってきてくれたよ。

昨日は少し調子悪く、お父さんの顔を見て泣いてしまった。「顔見知りするのにはちょっと早い」とお父さんが言っていた。

1981年3月25日（水）

あと10日で5か月か、早いなぁ。まだお座りはできない、寝返りもうたない、でも、元気に大きくなっている。

大変、大変と思っていた冬も去り、もう春。大した風邪も引かずよかった。お母さんはすっかり母親業に徹してしまって、外へ出ようとしない。でも、これから明海を連れて出かけようか、引っ越しやらで忙しくなるけど。

今日は久しぶりにお父さんと一緒にごはんが食べられたね。

1981年3月27日（金）

昼からおんぶして郵便局や警察へ行ったら、少し肩が凝った。叔母さんのところへも寄った。私が叔母さんと話していると、キャッキャッと喜んでいたね。いつもああだと嬉しいのに。色んな人に抱いてもらおう。甘えん坊にならないようにね。お母さんにべったりでは、何かの時に困るし。でも、ある程度は仕方ないね、二人でいる時間が長いから。

1981年3月28日（土）

お父さんが早く帰ってきてくれて、遊んでくれたね。お父さんは明海がいい子にしていると喜ぶから、いい子にしていようね。そしたら、お母さんも嬉しいからね。

1981年4月2日（木）

引っ越しの準備で忙しい。

夕方4時頃、お父さんから電話がかかってきた時はびっくりしたね。おっぱいやってたから、あわてておんぶして迎えに行った。お父さんはびしょぬれで電話ボックスにいたよ。「春雨じゃ、ぬれていこうか」なんて具合にはいかなかったみたい。ざざぶりだったから。明海も少し雨にぬれたけど、楽しかったね。

夜になって天理のおばあちゃんが引越しの手伝いに来てくれた。明海がとてもおりこうにしているのでびっくりしてたよ。

●食品アレルギー

1981年4月4日（土）

今日はお父さんがお休みをとってくれて助かった。夕方7時半までにあらかた片付いて、「三四郎」へ〝白魚の踊り食い〟を食べに行った。ところが、明海の全身に蕁麻疹が出て、もう大変、泣いて泣いて。何かのアレルギーを起こしたようだ。茶碗蒸ししか食べてないから、卵がいけなかったのだろうか？　これまでに卵黄のペーストをあげたことがあるけど、何ともなかったのに。

●博多から小倉へ

1981年4月5日（日）

今日は引っ越し。明海はとてもいい子だったね。仕事をしている間中、寝ていておとなしかったね。お昼には従妹のひろみちゃんと陽子ちゃんがおにぎりを持ってきてくれた。

博多から小倉へ。新しい家は3DKの医師住宅。それまでは1DKだったから、随分広くなった。

1981年4月6日（月）

初めてこの家で朝を迎えた。台所の整理をして、おばあちゃんと買い物に行って、その足でお見送り。明海に夏の服を買ってもらったよ。

お父さんは6時過ぎに帰ってきた。早かったね。

1981年4月7日（火）

私達の食べているものをよく噛んでやると、たいてい食べる。あんまり調子よく食べさせていたら、またアレルギーが出た。生卵が混じっていたので、それかもしれない。

お部屋は日に日にきれいになっていく。

1981年4月9日（木）

台所もすっかりきれいになった。気持ちがいい。押し入れにたくさん入るからすっきりする。今日はまるいカンカンでよく遊んでいた。物音のする方へ体がすっと動く。ずいぶんしっかりしてきたが、まだ寝返りはうたない。いつ頃這うようになるかなあ？

1981年4月10日（金）

ここのところ、だいたい朝・昼・晩の違いがわかるみたい。離乳も順調に進んでいるみたいだし、何ともありがたい。夜は9時に寝てくれるので、気が楽になった。

1981年4月12日（日）

今日は小倉城に行った。公園はとても広くて、近くに図書館や歴史博物館もあっておもしろかった。明海はおりこうさんにしていて、バスの中でも愛嬌いいねって言われたね。お父さんは苦笑いしていたけれど。

1981年4月16日（木）

昨日の朝から機嫌が悪く、おかしいと思っていたら、夕方になって熱を測ると37度8分もあった。今朝も37度8分あり、昼には38度7分まで上がった。ぐったりしてしんどそう。お風呂はやめておいた。

1981年4月17日（金）

朝、わりと機嫌よく、熱も引いた。熱が引いたら、いつもの湿疹とは違うプツプツとした発疹が体中に出た。何だろう？　よくわからない。

1981年4月21日（火）

今日はお昼にダイエーに行って、帰りにまた小倉城で日向ぼっこをしながら、バナナを食べた。そうしていると、知らないおじさんが写真を撮ったよ。お母さんと明海をモデルにして。

1981年4月23日（木）

今日初めてトイレでウンチをした。ちっちゃいのがとてもかわいい。背骨がまだしっかりしていないので、やりにくそうだったけど。

1981年4月26日（日）

今日は足立山から小文字山へのハイキング。まさか縦断してしまうとは思わなかった。お父さんに一日おんぶしてもらって、とうとう歩いちゃったね。途中おっぱいも大して飲まず、割合機嫌も良かった。帰る途中の花屋さんでは愛嬌をふりまいて、楽しい楽しい一日だった。

朝、お母さんが卵を食べながら、パンを食べさせたので、少しまたアレルギーが出た。

1981年5月1日（金）

昨日の晩から今朝にかけて、ほとんど一時間おきに起きた。一体どうしたのよ？　疲れたよ。

1981年5月3日（日）

口の周りが特にひどく赤い。食べ物のかぶれか？　目の周りは涙のかぶれか？　手足のくびれ、ただれてかわいそう。おむつを替える時は手をそこへ持っていく。

1981年5月7日（木）

夜は8時～9時頃にすっと寝てくれるのだけれど、夜中は2～3時間おきに起きる。どうしたらずっと寝てくれるんだろうか？　少しグロッキー気味だけれど、仕方ない。

1981年5月12日（火）

外へ出ると「愛嬌いいね」ってよく言われる。このまま素直に大きくなってくれたらいいな。今日は電話局と旦過《たんが》市場へあっという間に行って帰ってきたね。バスに乗ると楽しそう。ちっとも泣かない。前の人の頭をじっと見たり、のけぞって上を見たり、家とは違うからかもね。

1981年5月14日（木）

とてもいい天気だったので、昼から丘の方へ散歩に行った。大きな水車と石燈籠、そして、すごい庭のお家があった。小さい猫が椅子で寝そべっていて、絵のようだった。出会ったおばあちゃんが明海を見て、「まあ、よく太ってて大きなお目目、笑ってかわいいね」って。人に会ったら笑おうね。皆がかわいがってくれるよ。帰り道、お百姓さんのお店でキューリを買って、今日のお散歩おもしろかったね。

1981年5月16日（土）

赤や黄や青の原色の絵を見て、嬉しそうに声を出している。時計のくるくる回るのを見ても笑ってる。でも、よく泣くね、まったく。もしお母さんがいなくなったらどうする？　やっぱりミルクももっと早くからやっとけばよかった。何となく母乳だけで育てることにこだわっていたみたい。哺乳瓶だと乳首を咬んでしまう。困った。牛乳も飲むけど量が少ないものね。

●第2子懐妊

1981年5月21日（木）

新しい赤ちゃんができた。明海君はお兄ちゃんになる。赤ちゃんのことかわいがってくれるかな？　上手にしないと、明海は怒ったり、すねたりするだろうな。初めての子供にこれだけ苦労するのだから、2人3人になると、それなりに大変なことがあるだろう。おっぱいを離すのが難しい。しっかり哺乳瓶に慣らせておけばよかった。

ようやくおっぱいを吸うのに慣れたかと思うとスプーン。かと思うと本格的に離乳。子供の成長は早い。一日一日が速いのだか遅いのだかわからない。ただひたすら泣き声と共に過ぎていく。

1981年5月22日（金）

次の子はあっ君もいるから天理で生むことにした。2か月近くこの家を留守にしなくちゃいけないのは少しさみしい。〝少し〟と書くのは私の強がりだけど、仕方ない。

1981年5月23日（土）

天理へ。京都まではお父さんと一緒だった。新幹線の中ではおしっことウンチで忙しかった。向かいに座ったおじさんにあやしてもらって笑ってたね。乗り物の中ではあまりぐずらないので助かる。

1981年5月25日（月）

天理よろづ相談所病院の産婦人科を受診。ここで出産できるよう手続きをした。以前に勤めていた薬局に顔を出すと、みんなに「お父さん似ね」「愛嬌がいいね」って言われた。人に抱かれていれば機嫌いいね。逆に、一人放っておかれるとさみしいんだね。

1981年5月27日（水）

久しぶりの小倉。お父さんんと待つ場所が違って、少し時間のロスがあったけれど、無事対面。駅の近くで夕食を食べて、タクシーで戻ってきた。我家はやっぱりいいね。

1981年5月31日（日）

南小倉からＪＲに乗って、英彦山へ行った。風景がとても素晴らしかった。心の洗濯にはもってこいだってお父さんが言ってた。でも、肩がすごく凝ったって。ずっとおんぶしてもらってたからね。

●離乳

1981年6月5日（金）（Ｋ記）

必死になって離乳させようとする甲斐があって、コップからの牛乳はよく飲む。だけど、昨晩、一昨晩と非常によく泣いた。お母さんは泣きそうな顔をして、哺乳瓶から飲まそうとしていたけれど、明海は口を固く結んだまま顔をそむける。そして、その後、大声で泣き出した。夜中なのだからもっと静かにしてくれよと思うけれど、一向に構うことなく、世の終わりがきたと言わんばかりの金切り声を出す。これまでと同様、一度泣き出すやもう手が付けられない。

昨晩はお母さんは耐えきれず乳をふくませてしまった。お父さんはその泣き声に悩まされながら悟った。哺乳瓶から飲むことをしてこなかった乳児に乳離れのために、乳房から哺乳瓶に切り替えようとしてもできないということを。空腹感を満たすだけならばどちらでもいいはずなのだけれど、哺乳瓶からでは得られないものが乳房にはあるのだろう。吸うという反射から、なめる・噛むという欲求が現れ始めているけれども、完全に移行するのにはもう少し時間がかかりそうだ。あとがつかえているということもあって、懸命に離乳を進めているけれど、そこまで必死にならなくてもいいのかもしれない。

1981年6月7日（日）

日中はおっぱいを飲まなくてもよくなった。そのせいかおっぱいが張ってこない。すごいものだと思う。夜中に飲みたがる時どうしようかと思うくらいだ。しかし、ずいぶんよく食べるようになった。それに伴って、便もおしっこも多くなったみたいだ。

知恵も少しずつついてきて、私が受話器を持って、「もしもし、もしもし」とよく言っているせいで、電話機を見ると「アー、アー」と言うし、今までは、フェルトの人形など触ってもすぐ放していたものを口へ持っていってしまう。スイカも自分で食べようとするし、お茶碗を近づけると手を出して触ろうとする。もう何でも自分でやりたいという自我が芽生えてきたのかな？

1981年6月19日（金）

今日初めてつかまり立ちをした。離乳はだいぶ進んだ。夜中に何度も起きてなかなか泣き止まないことが続いたけれど、泣く時間が短くなった。

●人見知り

1981年6月20日（土）

ミルクの時間とウンチと離乳食の時間を書く必要がなくなったためか、ここのところ書くのを忘れる。少し時間があったらボケっとしていたいし、他のことをしてしまう。心のゆとりもほしいし、明海以外のことも考えたい。なんて言ったら怒られるかな。今レコードを聞きながら書いているけれど、何事でもそうだろうけれど、寸暇を見つけてやるところに楽しみや新鮮さがあるのかもしれない。

昨日はお父さんの友人夫妻が来られて、12時過ぎまで話し込んでしまった。奥さんが抱いてくれたけれど、明海は泣いた。「一人前に人見知りをするようになった」とお父さんが喜んでいた。時折、顔を伺ってみたり、私にくっついてみたり、機嫌が直ると笑いかけてみたり、変な子。表現が複雑になり、泣き声にも色があり、成長しているんだとわかる。

次の赤ちゃんの予定日は1月4日に変更された。また、病院で風疹の検査をするように言われた。明海は泣いて、看護婦さん困ってたよ。悪かったね。

1981年6月22日（月）

昨日は少し薄着だったせいか、冷房のところへ出たり入ったりしたせいか、夕べから鼻水を出す。今朝は少し下痢をした。熱はない。

この頃、しきりに私の膝の上に頭を伏せたり、乗っかろうとしたりする。手で支えてやると立っちをする、とても嬉しそうに。また、アアブブ、ブバブバ、とよくしゃべる。

1981年6月29日（月）

23日より天理と網干を回ってきた。行く前は人見知りがあやぶまれたが、なぜかちっとも人見知りをしなかった。それどころか、ニタニタと人の顔を見れば笑ってばかり。お陰で「あいそのいい子やな」と言われっぱなしだった。ただ、機嫌が悪くなると大変。顔や頭をかきむしって大声で泣く。あれには困る。痒いのか、眠いのか、かわいそうなくらい。

もうすぐ8か月。ここまで来たなと思う。少しコホンコホンと咳が出る。痰がからんでいるみたいだ。熱はないけど気になる。湿疹はあるけど、私のあせもに似てきた。私も胸のところにあせもができた。

1981年7月4日（土）（K記）

深夜だというのに、ギェー！　ギェー！　と延々と泣き続ける。母親がいくらあやしても、おしめを替えても、ミルクをやってもしばらくするとまた、ギェー！　ギェー！　と泣き叫ぶ。とても眠れるどころではなく、たまりかねて父親があやそうとするが、全くだめ。時にグスン、グスンと落ちつき始めたかと思うと、また、アギャー！　アギャー！　とくる。全くなすすべがない。

昼間は物を取ろうとしたり、にっこり笑ったりして、少しずつ自分というものが出始めているが、時として、このように全く生まれたての赤子のように、ただ泣くだけの状態に戻る。行きつ戻りつするのが離乳期というものなのだろうか？

それにしても何を求めてそんなに泣くのだろうか？　子宮の中の暖かさか？　乳房のぬくもりの一体感か？　それとも外界に育つ恐怖感か？　私達はひたすらこの時期が過ぎ去るのを待つしかない。

●便秘

1981年7月5日（日）

夜が明けた朝7時前から、また、夜中と同じように、目を開けず、ミルクも飲まず、ただ延々泣き続け始めた。1時間半経っても泣き止まず、何がどうしたのか、全くわけがわからない。困り果ててしまって、下の階に住んでいる小児科の戎先生にお願いして、ちょっと診てもらうことにした。

戎先生がおなかを触ったり、あちこちと動かしたりしているうちに目が開いた。そして、私が抱いてやるとにっこり。これまたどうしたことかと、一同唖然。とりあえず、浣腸をするようにと指示されて、帰っていかれた。

その後、えらく機嫌が良くなり、ミルクもほしがるのでやった。しばらくすると、まだおなかがすいて、食べたそうなので、お粥をやりかけた。すると、ウンチが出た、出た。それもいつになく大量に出た。「こりゃ便秘だったか」とお父さんと大笑い。ヤレヤレ、大事でなくて良かったとお父さんとお母さんはほっとした。

●起きて泣く子の面憎《つら》さ

1981年7月12日（日）（K記）

〝ねんねこしゃっしゃりまーせ、寝たー子のかーわーいさ、起きて泣ーく子のつーら憎さ〟

この子守歌にあるように、静かに寝ていたり、にっこり笑ってくれたりすると、かわいいなと思う。しかし、その反面、泣かれて、泣かれて、どうしようもなく泣かれると、憎いとまではならないけれど、もういい加減にしてくれよと思う。それは苦労と呼べるほどではないかもしれないが、それなりの努力を必要とする。

8か月が過ぎ、この先どうなるかわからないけれど、自分の期待どおりにならなくて、「苦労して育ててきたのに！」と愚痴ったり、反抗されて、「どうして親の言うことが聞けないのか！」と子供に怒ったりすることはしないでおこう。僕達にそんなことを言う権利はないからだ。

ミルクをやったり、おしめを替えたり、あやしたりして世話をするけれども、世話をしているだけであって、大きくしているわけではない。自然の力で大きくなっている。それはちょうどトマトを育てるのと同じだ。支柱を立てたり、わき芽をかいたり、水をやったりして世話をするが、世話をしているだけであって、大きくなるのはトマト自身に育つ力があるからだ。

子供が欲しくてもできない人達が世の中には少なからずいる。僕達は子供を授かり、育てさせてもらっている。育てさせてもらっているのだから、育てる苦労があったとしても、それは苦労を経験させてもらっているのであり、反抗されたとすれば、それは自分の中に欲の塊《かたまり》があることを振り返るチャンスを与えてもらっているのだと思う。

●明海の入院

1981年7月14日（火）

昨日からおちんちんの周辺にできていた赤い発疹がひどくなっているので、皮膚科に行った。帰ってきてからも元気がない。水分が不足しているのかと思ったが、あまり飲まずに寝た。3時頃、熱がありそうなので、測ってみると、40・2度もあった。氷枕《こおりまくら》をしたが、夕方になっても、39・5度から下がらなかった。夜9時前になって、少し目が開いて、食べたそうにするので、重湯《おもゆ》を与えると茶碗一杯ほど食べた。そうこうしているうちに、お父さんが帰ってきてくれて、抗生剤を飲ませた。

1981年7月15日（水）

局所は少しうんできているし、熱が一向に下がらないので、病院へ連れて行った。皮膚科では口唇ヘルペスと同じウィルスによるカポジ水痘様発疹と言われ、小児科を紹介された。小児科では入院を指示された。看護婦さんに「もっと広がるかもしれない」と言われて、不安になった。お父さんがお母さんのためにお弁当をたくさん買ってきてくれた。今日家へ帰れないなんて、ちっとも考えていなかった。さみしい。早く良くなって帰ろうね。

1981年7月16日（木）

初めて病院のボンボンベッドで寝た。それ程しんどいこともないが、家のふとんとはやはり落ち着きが違う。熱は37度台に下がって、発疹もいくらかましのように見えるが、アトピーの方がひどくなって、痒そう。掻くとそこにうつるので、必死で抑える。洗濯物はヒビテンで殺菌してから洗う。手はしょっちゅう洗う。何となくものものしいが、うつらないようにしなくてはいけない。

1981年7月17日（金）

明海を抱く時、横向きにしか抱けない。縦抱きは嫌がる。触れると痛いから。おすわりも痛そうで、できない。しようとしても、すぐに倒れそうになる。力も弱っているのだろう。昼過ぎから、また38・2度の熱が出た。

1981年7月18日（土）

昨夜は12時半から2時過ぎまでぐずった。おむつがびしょびしょだった。おむつを替えた後、牛乳を飲んだり、お粥を食べたりして、ようやく寝たかと思うとすぐに声を出す。朝方まで、時々声を出し、私が添い寝をして少し落ち着く。結局、朝まで私もベッドの上にいた。

傷のところは依然はかばかしくない。水疱があったりして、広がりそうな気配。熱もずっと下がらない。お父さんは肝障害を起こしたり、25％くらいが死んだりするなんて、恐いことを言う。

1981年7月19日（日）

小水疱が広がり、新しい発疹もできているため、免疫グロブリン製剤を使う。昼12時からは500mlの点滴。細い手に針を入れられて、動かすこともままならない。なのに、その手を口の方へ持っていってなめたり、反対の手で線をひっぱってみたりする。抱いてやることもできない。しんどいのだろうか、よく眠る。熱も上がったり、下がったりで、傷口がとても痛そう。

1981年7月20日（月）

昨日の洗浄で皮膚がはがれてしまい、びらん状になっている。今日は半月型の枠をおなかにかぶせて皮膚を乾燥させる。皮膚科の先生はやけどのひどいのと同じで、植皮をしなければいけないかもしれない、清潔にするのが一番で、抵抗力が強まるのを待つだけだとおっしゃった。この小さい体のどこに植皮するところがあるのか？

点滴をするようになって、極端におしっこの量が増え、1日におむつを40枚使った。

1981年7月21日（火）（K記）

1週間かせいぜい10日間も入院すればいいだろうと思っていたのに、今日ですでに7日目で、まだまだかかりそうだ。熱は38度前後に上がったり、下がったりしているし、下腹部から会陰部にかけての発疹は、もはや発疹ではなくて、びらんである。そして、その周辺にはまだ水疱があり、活動性であることを示している。明海も心得たもので、患部を触られそうになると、泣き出す。食べる量も少ない。さて、さて。

治る時は治る。治らぬ時は治らぬ。じたばたしても、一喜一憂しても始まらぬ。ただ、最善の努力だけは惜しんではならぬ。

家庭菜園をしていて、特に感じることだが、トマトが枯れる時に、「死にたくない」と叫ぶだろうか？　花が咲き、実を付ければ枯れていく。実のならぬものや、うまく育たないものがあっても、それが自然。人間の死もそれと同じようなものではないだろうか？　変に〝情〟などというものを入れるから混乱する。病気は治さなければならないものだと錯覚する。最後の最後まで、ねばり続けねばならないものだと思ってしまう。しかし、実際、末期の癌患者さんを前にして、無力感を感じる。僕達はもはや医者じゃない、見舞客だ。「調子はどうですか？　やっぱりきついですか？　この腹水が何とかなったらねぇ」。何ともならないことをわかっていて言うのである。

明海の場合、まだ赤ん坊である。このまま悪くなって死んだとしたら、「ああ、うまく育たなかったなぁ」と思うだろう。「残念だったね」と妻と慰め合うかもしれない。しかし、明海の立場に立ったらどうなのだろう？　死んでしまった場合、何もわからないからいいかもしれない。ひどい後遺症を残した場合は苦労するかもしれない。親としても心苦しいけれど、それはそれで背負っていけばいいか？

最近つくづく思うことは、日本人はだんだん温室育ち化していることである。まるでクーラーがないと過ごせないかのように、「暑い、暑い」と不平を言う。夏が暑いのは当たり前である。暑くなければ冷夏で、穀物や野菜の生育が悪くなり、泳ぎにもいけなくなる。ギラギラした太陽と、ムンムンした熱気、そして、朝晩の冷風、それが夏なのである。パタパタとうちわで扇ぎ、汗をふきふき仕事をするのが良いのである。そして、時はいつしか秋へと移りゆく。東南アジアやインドの夏はもっと長い。世界中がエアコンをつけたらどうなるのか？　地球は腫れあがってしまう。クーラーをつけて部屋を涼しくすれば、モーターを回した熱量分だけ、外は暑くなる。かくして、アスファルトとエアコンの都会は一層暑くなってしまい、そこに住む人々は一層ひ弱になってしまうのである。

1981年7月23日（木）

昨夜はお父さんが明海の付き添いをしてくれた。明海は何度も起きて、泣いて、ウンチやおしっこをして大変だったって。かわいそうにちっとも寝られなかったよう。でも、1回くらい明海の泣き声と共にガバッと起きるのもいいでしょ。
お母さんはお弁当を作って8時頃到着。お父さんは電話をして、起こしてやろうと思ったってさ。お母さんは早くに起きてたよ。
今日は熱も36度台で留まり、割と動きも激しく、経過は良好。昼に点滴が落ちなくなり、針を抜いた。そして、そのまま経口投与に替わった。明海は我が意を得たといわんばかりに、点滴をつないでいた右手であちこちを引っ掻きだす。これまた困るけど、何とか掻かないように気を付ける。窪んでいた傷のところが、正常の皮膚の高さまで戻ってきた。良かった。

1981年7月24日（金）

少し肝臓が腫れて、肝炎を起こしているとのこと。ヘルペスウイルスというのは手ごわいね。でも、肺の方は何ともないらしい。咳は少し多いけれど、点滴もとれた。でも、少し元気になってくると、あまり寝なくなって、私の手もかかるようになる。熱があって、ぐったりしている時は、早く目を覚まして、手こずらせてほしいと思うのに。

1981年7月25日（土）

昼、37・3度まで熱が上がる。お父さんは心配して、肝炎がよくなるまでは入院かなって。早く家に帰りたいね。しばらくはおとなしくしていなくちゃいけないだろうけど。午後7時半、明海が寝てくれたので、お父さんと二人で、久しぶりに外へ食事に行きました。これも明海が良くなってきたから、良かったね。

1981年7月27日（月）

もう7月も終わり、8月1日に魚を食べに行く会もお父さん断ったって。残念だけれど仕方ないね。明海は朝早く起きて、パンを食べる。おかゆの量は減ったけど、牛乳はよく飲むようになった。でも、体重は7kgを割ってしまった。またしっかり食べて、取り戻さなくては。何と言っても、植皮もせず、全身にうつらず、肝臓くらいでおさまったのを喜ばなくちゃね。

1981年7月28日（火）

「木曜に採血をしましょう」って戎先生がおっしゃったそう。お父さんは何も言えなかったって、預けた以上は。今日、広澤先生（小児科部長）の回診で、「お父さんはもう限界みたいだね」って、おっしゃった。そして、「1～2日外泊しますか?」っておっしゃったけど、帰らせてくれるのかなぁ? お母さんたら、「病院の生活はどうですか?」と聞かれて、「慣れました」って答えてしまった。

1981年7月29日（水）

かさぶたが一番ひどかった所も少しずつはがれてきて、もうあと少し残すのみ。記念に写真を撮っとこうか? はがれていくのを見ると、お父さんもお母さんも嬉しくて、出しっぱなしのおちんちんを見て、あーだ、こーだと変なことを言い合っておかしかった。

入院した日、お母さんは不安で、これからどうなるのか、正直心細かった。今までこういう時は親に頼ってきただけに、おばあちゃんの顔が浮かんできた。「入院したらおばあちゃんが来るかもしれないね」って言ったのはお母さんが来てほしいと思っていたからかもしれない。お父さんがそばにいてくれるだけで幸せなのに、それでもまだ足りなかったのかもしれない。

入院後、時間が経つにつれ、また、おばあちゃんの「しっかりね」という言葉を聞いたりして、お母さんはようやく明海のことは私達が一切を負っていかなくてはいけないということを、しみじみ体で受けとめられた気がする。見回すと、色々な病気の子供達がいて、見守る家族がいる。外来には毎日絶えることなく患者さんが訪れる。あっちで生まれ、こっちで亡くなり、入院したり、退院したり、その度に喜んだり、悲しんだりしている。いい経験をさせてもらった。

●明日退院

1981年7月30日(木)

いよいよ明日退院！　傷もすっかりきれいになったし、肝臓もほとんど良くなっているとのこと、戎先生が嬉しそうに話しにきてくれました。奥様もおみやげ持参で来てくださった。かわいいピエロのオルゴール。音楽と一緒に頭が動いてとてもかわいい。夕方には心療内科の永田先生もプリンとすいかを持ってきてくださったし、今日は楽しい最後の一日でした。

昨日の夕方、37・5度まで熱が上がって、少し心配したけれど、元気なので、大丈夫だろうと思う。まだ、少し不安定だけれどね。

今晩は眠れるかな？　ボンボンベッドともお別れ。もうしばらくいいわ。家でお父さんと3人で寝るのが一番いい。

1981年8月25日（火）

あっという間に3週間も過ぎ、今週で8月も終わろうとしている。朝夕はめっきり涼しくなり、明海とお母さんは二人して鼻水をズーズーしたり、くしゃみをしたりして大忙し。でも、熱を出すことはなく、過ごしている。体の湿疹は少しましだが、足の方はあまり良くなく、顔にも少しある。夜に痒くなる時があり、掻いて眠れなさそう。しかし、ただれたりすることがないのが幸い。

毎日、何とかかんとか言いながらも、結構一人で遊ぶようになった。電話のおもちゃや、ボールや、角笛や、やかんで遊ぶ。ペンや箸とかも好きだけど、固いものを口の中へ入れるのが嬉しいらしく、一円玉やボタンを口に入れてはニコニコしている。2週間前に宮崎県の椎葉村へ行った時、河原で小さな石ころを口の中に入れて、とても喜んでいた。お母さんはおかしいやら、嬉しいやら、危なっかしいやらで複雑な気持ちだった。

今見えている歯は上下で5本。何という早さ。果物は甘くてさっぱりして、するっと食べられるせいか、とても嬉しそう。すいかが大好きで、桃もバナナもあげるものは何でも食べてしまう。

だけど、梨だけは噛んで、また出してしまう。昨日トウモロコシを3分の2本くらいかじりついて食べたのには驚いた。半分くらいはウンチの中にそのまま出てきたけれど。

今日はおしりを畳につけたまま、手をついて百円玉を取ろうとして、1mくらい動いてきた。まだハイハイをしないが、這うようになるのだろうか？

●いざりばい

1981年8月29日（土）

明海はあれから随分と動くようになった。自分の注意を引く物の所へ行こうとし、ひょっと気を許していると、ベランダの出口の所まで来ていて、あやうく落ちるところだった。動き方は一方の足を軸にして、他方の足で蹴っ飛ばして進む。網干のお母さんが「うちに似たらあんまり上手に這わへんで。憲二郎もかたつむりみたいやった」って。おもしろいね。これを「いざりばい」というのかな。

31日から4日まで天理で、4、5日は網干に帰る予定。かわいくなったから、みんなびっくりするだろうな。6月の写真はすごい顔、今からは信じられない。そして、あの病気。よく元気になってくれたと思う。

1981年9月18日（金）

9月5日には網干のおばあちゃんが一緒に小倉まで来てくれた。そして、ベビーダンスとおまるを買ってくれたのよ（13ページの写真）。ベビーダンスはあんまり大きいのでびっくり。お父さんのと同じくらいだもんね。お父さんは一人一段で、5人で使うんだって、張り切っている。5人も産めるのかなぁ、大変だなぁ。ようやく2人目が入ったというところなのに。

1981年9月30日（水）

つかまり立ちをするようになったが、相変わらずいざりばい。今まで、アーアーと口にくわえていたラッパ（プラスティック製で長さ50㎝くらい）を手で引いたり、押したりして、自分も掃除機を使っているつもりになったりしている。また、自分で手をたたいたり、「アクン、アクン」としゃべろうとしたりし、成長には目を見張る。

なぜか一日一日があっという間に過ぎていく。この頃少し余裕ができ、本も読めて嬉しい。

1981年10月20日（火）

いざりばいがとても速くなり、立った状態から座るのも上手になった。「いない・いない・ばぁっ！」を自分でするようになり、ごはんも一人前に自分でお箸やスプーンを持って食べようとする。私が新聞を読んでいると、横からのぞき込むようなこともする。

10月10、11日には米子へ行ってきた。砂浜のところでは思いっきり遊んで楽しかったね。お母さんが買い物でいなかった時、泣いたり、ウンチをしたりして、お父さんったら、〝クレイマー、クレイマー〟（ダスティン・ホフマン主演、アメリカ映画、1979年公開）の主人公みたいに困ったって。

●1歳の誕生日

1981年11月5日（木）（K記）

明海君誕生日おめでとう！　とうとう満1歳になったよ。

お母さんは赤飯をこしらえて、明海君に赤色のよそいきのべべ着せて、とても嬉しそう。「去年の今頃は…」なんて言いながらね。

時にうるさく泣くこともあるけど、それはお愛嬌。にこにことよく笑って、お父さんやお母さんを喜ばせ、楽しませてくれる。キャッキャッと笑っていたり、口をキュッと結んで眠っていたりしていると、とてもかわいいと思う。お父さんとお母さんの二人占めにしないで、おじいちゃんやおばあちゃんにも分けてあげたいと思う。

明海君を見ていると、色々と感じることがある。お父さんは心身医学を専門としているから、子供の発達には特に興味がある。こんなお父さんとお母さんの間で、一体どんな子に成長するのだろうかと思う。学校や社会で不適応を起こしたり、神経症のような病気になったりする人達の中に、幼児期に家族内の問題があった人が少なからずいる。両親、特に、母親からの十分な愛情が得られないと、大きくなってから人との信頼関係をうまく作れないと言われる。そういう人達に比べて、明海君はとてもすばらしい両親の元で育っているのじゃないかと思う。

だってお母さんは明海君のちょっとした泣き声ですぐ目を覚まし、お乳をやったり、おしめを替えたりするけれど、ちっとも「うるさいわねぇ」なんて顔をしないよ。それに、お母さんは書道、手芸、陶芸、音楽など、好きなことをたくさん持っているけれど、明海君のおしりを拭いたり、おしめを洗濯したり、明海君の散らかしたあとを掃除したりすることがもっと好きのようだから。

一つ心配なことは、あまり恵まれすぎていることだ。〝若い時の苦労は買ってでもせよ〟という諺があるように、若い時に苦労をしておくことは、将来役に立ち、幸せになれる道だと思う。苦労していればこそ、苦労している人、弱い人の気持ちをくんであげることができる。苦労すればこそ、それを乗り越えようとして、人間的な成長が促される。贅沢に慣れてしまうと、粗食に耐えられなくなってしまう。暖衣飽食は精神を堕落させてしまう。人間は不自由の中から工夫する知恵を見つけてきた。

これは明海君に言っているのではなく、お父さん自身に言い聞かせている言葉だ。もちろん、お父さんの小さい頃は、食べる物も、着る物もそんなに豊かじゃなかった。天理教の教会で育ったから、自由気ままは許されなかった。それでも、両親は健康で、愛してもらえたし、お父さん自身五体満足だし、一応、医者稼業をさせてもらえており、恵まれ過ぎているのではないかと思っている。

明海君に対して、そんなことしちゃ危ないでしょ、とかそんなことしてはいけません、などという禁止令はなるべく出さないように努めている。できる限りのびのびと育ってほしいから。

お母さんのおなかには9か月の赤ちゃんがいる。今年の終わりか、来年の初めには生まれてくるだろう。新しく生まれた子のことについても、記録しておきたいが、明海君ほど熱心には書いてもらえないだろう。

（登喜子が記す。以下、第3章で登喜子が書いたものはT記と略）

ああ一年かと思う。長かった。生まれた時は産科で見たどの子よりも小さかったはずなのに、大きくなったね。一人前に笑ったり、声を出したり、ぽろぽろ涙をこぼしたりする。もし、明海が元気な笑顔を見せてくれなくなったり、いなくなったりしたら、どんなに寂しいだろうか。あっ君のおかげで、好きなこともあまりできなくなってしまったけれど、お父さんのいない時、一人で食事をするつまらなさもなくなったし、笑わせてもらえる。

お母さんもこの一年でお母さんらしくなったかな。考えてみると、お母さんはあっ君のそばにずっといただけで、あれこれ世話は焼いたけれど、離乳もごはんを食べるのも、みんな自然にあっ君が覚えてくれた。子供というのは生きる力が強いんだね。とうとうハイハイをせずにいざって終わりそうだけど、元気いっぱいだからそれでいい。

●赤ん坊にとっての母親の役割と父親の存在

1981年11月6日（金）（K記）

　母親がそばにいて、生理的にも満足していると、明海は機嫌よく遊んでいる。しかし、母親がいなくなると泣き出す。彼のような赤ん坊にとって、母親とは一体何だろうか？　単に、食物を与え、身の周りの世話をするというだけの存在ではないことだけは確かだ。お母さんの後をくっついてまわり、お母さんのすることは何でもまねようとする。掃除機がとても好きで、よくそれでゴシゴシするし、箸を持とうとするし、スプーンで食べようとする。おにぎりにするのを見て、自分もごはんをくちゃくちゃつかむ。このように、母親は成長のモデルになっている。

　しかし、それだけなら、いなくなったからといって泣き出す必要はない。スキンシップが大切だと言われるが、それを与えるだけの存在でもない。外敵から自分を守ってくれるものとして認識しているのかもしれない。それはちょうど、生まれたてのカルガモには〝刷り込み〟という現象があって、初めて見た動くものが、自分を守ってくれる母親だと認識し、それが人間であっても、その後をついて歩くという習性があるが、そのようなものかもしれない。

　それに比べて、父親の存在は薄い。生後4～5か月までは周囲の認識が不十分だから、誰に抱かれても変わらなかったが、7か月頃になると、人見知りをするようになって、父親に抱かれるのも嫌がるようになった。泣き出したら手がつけられず、母親に抱かれるとピタッと泣き止んだりした。10か月頃になって、母親の次に接触時間の長い、父親にも接近するようになった。しかし、それも母親を通してのことだ。母親が「お父さんにお風呂入れもらっておいで」とか、「お父さんが食べさせてくれるってよ」とか言うから、あるいは、そういう態度を示すから、子供は安心して父親のところにもやってくる。それ以外の時は、父親と遊んでいても、母親がいなくなるとぐずり出したりする。もしこの時期、両親の仲が悪ければ、父親の所に寄って来ないかもしれない。子供が父親と直接的な関係を持つようになるのはずっと先のようだ。

1981年11月20日（金）

お父さんもお母さんも明海も、今とても幸せで、これ以上の幸せはないと思う。おなかの赤ちゃんも元気だし。だから、毎日喜んで暮らさないといけないね。すぐ、こうだったら、って考えてしまうからもったいない。でも、正直なところ、お父さんと2か月近くも離れて生活をしなくちゃいけないと思うと、明海にとってもお母さんにとっても寂しい。次の赤ちゃんのためだから仕方ないけど。病気で離れるのとは違うんだし。

●里帰り出産

1981年12月4日（金）

今、天理にいる。明海は3日前頃から少し風邪気味で、2日前に天理に来て、ひどくなった。その日の夜39・4度まで熱が出た。パブロンやら栄養剤やらを飲ませ、翌朝には熱は下がった。

しかし、夜になると疲れが出るようで早く寝た。今日もまだ目が赤く、熱っぽい顔をしているし、鼻水も出る。早く良くなってほしい。私達でさえ移動は疲れるのだから、明海も随分疲れただろう。それに、色んな人の中に入ったりもしているし。

私の方はすこぶる順調。どのくらい大きくなっていて、男か女かもわからないけれど、健康だったらいいとやっぱり思う。

この家にも明海は少しずつ慣れ、私がトイレに行っていても気が付かない時がある。出産で入院している間、無事にすんでくれたらいいと祈るような気持ちだ。明海はお父さんの写真を見てもまだわからないだろうけれど、毎日見せて、「お父さん、お父さん」って言ってやろうかな。そしたら、写真のこと、「お父さん」って言うかもしれないね。

1981年12月6日（日）

熱が出た後、膝の後側にまたカポジができた。5cmくらい円形に広がっている。やはり体力が弱まったせいかな？　痛そうで、かわいそう。足を曲げられないので、引きずって前へ進もうとするのだけれど、うまくいかず、動きが少なくなった。

1981年12月9日（水）

カポジは広がったけれど、膝の裏を除いてはみな枯れかかっている。風邪は良くなったし、後はすっかりきれいになるまでの辛抱。

第2章 第2子誕生

絵本が好き　右から明海、陽介

●第2子（陽介《ようすけ》）誕生

1981年12月19日（土）

明海に弟が誕生‼

「男の子ですよ」って言われて、次は女の子がいいかな、なんて期待していたから、少し残念な気もしたけれど、元気な子で良かった。

出産の痛みは陣痛のどれよりも痛かったけれど、裂けもせず、産後は非常に楽。もう陣痛が来ないと思うと気分も楽で、ぐっすり休めた。赤ちゃんはまっ赤で、本当に赤ん坊らしい。2回目だから、おかしいくらいすべてを1回目と比較する。1回目は何もわからず、新鮮だったけれど、2回目はあらかたわかっていて、落ち着いていた。違うのは赤ん坊の顔とあらためて感じる出産の痛み。

1981年12月20日（日）

お父さんが朝10時半、目の前に現れてびっくり。あんまり早くて。でも嬉しかった。昼過ぎに好物の多幸梅のたこ焼きを食べて、一緒に子供の顔を見た。まだおさるさんみたいな顔。明海の顔とはずいぶん違う。

1982年1月3日（日）

暇はあるけれど、なかなか書けない。やはり2人目だからか、もう達観したもので、陽介が泣いていても、必死になって飛んでいくという感じではない。ちょっとでも用があろうものなら、あるいは、明海がぐずっていたりしたら、待っててね、といったもの。でも泣いて、涙を流している姿を見たら、やっぱりかわいい。

明海はますます足に力がついてきて、一昨日は11歩も歩いた。すごい進歩。嬉しそうにみんなに抱いてもらって、今日は三輪神社に連れて行ってもらった。お母さんはいつも陽介とお留守番。つまんないけどね。おじいちゃんやおばあちゃん、兄弟達がいると、お母さんはとても楽です。明海は皆に慣れて、お母さんがいなくても、あまり泣かなくなったしね。

●明海にとっての節目

1982年1月4日（月）（K記）

明海にとって、この1か月は非常に大きな節目だっただろうと思う。それまでは、小倉の3DKで、母親と2人で、大半の時間を過ごし、夜になると、母親と仲の良い大人が一人やってくる。そして、たまに近所のおばさんやお兄ちゃん達が遊びに来るという程度であった。ところが、12月に入ってからは、ほとんどいつも、数人の大人達に囲まれている。母親はその中の一人に過ぎなくなった。そして、とうとう、その母親は全く姿を現さなくなった。

12月20日、お父さんが天理に来た時、明海がどんな風にしているのか心配だった。なにせ、お母さんがトイレに行くだけで、泣いて戸をたたくし、スムーズに寝入ることは少なく、夜中には必ずといっていい程、起きて泣いていたのだから。でも、行ってみると、ずいぶんおじいちゃんになついていて、お父さんが抱いてやろうとしても、嫌がって、おじいちゃんの所へ行く始末だった。小倉にいる時は、バーブー・バーブーとよく声を出していたが、それが少なかった。その分おとなしかったわけだけど、ちゃんとご飯は食べていたし、泣いて手こずらせることも少ないようだった。「覚悟ができるんだよ」と、おじいちゃんが言った。お母さんがいなけりゃいないで、ちゃんとやっていくもんだな、と思った。もっとも、そこでお母さんが顔を見せたりすると、泣き出すんだろうけれど。

お正月にお父さんが再び天理に来た時、12月に来た時に比べて、明海には余裕の顔が伺えた。来た日の夜、陽介、母、父、明海の順で、並んで寝たけれど、案じていたとおり、夜泣きのシーソーゲームが起こった。だけど、その時の明海の目は以前のものではなかった。もちろん、お父さんがそばに行っても、泣き止まないのは同じだけれど、はっきりお父さんの顔を見ていた。以前は、泣き出したら赤ちゃん返りをして、手が付けられなかったが、この時はしっかり父、母を認識しようとする目であった。

お前にとって、陽介の存在は一つの脅威かもしれないけれど、乗り越えるべき社会化への一つのステップである。お前の欲求に反するかもしれないけれど、自立、自律への道が始まった。たとえ、泣いても、叫んでもどうにもならない。

みんなから、明海は石頭だと言われるようになった。人の頭にゴチンとぶつかっても、明海は知らぬ顔で、当てられた方は「オォ、イテテ！」となる。でも、明海は元々石頭に生まれついたのではないと思う。お座りをするようになって、いざり始めるようになって、バタン、コテン、ガクンと倒れることが増えた。時にはテーブルの角に強く頭をぶつけることがあっても、お父さんとお母さんはよほどのことでない限り、知らぬ顔をしていた。最初は泣いているが、そのうち、自分で起き上がるようになった。その繰り返しを経て、少し頭を打っても平気になったのではないかと思う。

明日で生後14か月になる。早い子はお誕生日前に歩き出すから、その点で、まだ数歩しか歩けないというのは、やや遅いということになる。しかし、言葉や細かい動作は十分に発達している。考えてみれば、2か月や3か月歩くのが遅かったり、おしっこを知らせるのが遅かったりしても、長い人生大した変わりはないんだ。

子供には無限の可能性があると言われる。それを親が躾という形で枠にはめてしまう。確かに、そういう面があるだろう。明海が両手にリンゴを持っていれば、一つを取り上げるし、一つのビスケットを食べ終わらないうちに、もう一つのビスケットを取ろうとしたら、やめさせる。この躾が明海が大きくなった時に、どのような影響を及ぼすのかわからない。

けれども、今のお父さんの気持ちとしては、明海に欲張りになってほしくない。ものを大切にしてほしい。小さくなったビスケットを持ったまま、大きなビスケットに手を伸ばしたら、もう小さいビスケットは捨てられてしまう。昔と違って、今は物が豊富にある時代だ。小さいビスケットを食べ終わった時に、大きなビスケットは誰かに食べられて無くなっているということはない。有り余るが故に浪費されていると、いつか地球から資源が無くなってしまう。また、こんなに物が豊富だけれども、世界中の人々の3分の2は寝る前に空腹とのことだ。実際、お父さんはインドや東南アジアや韓国を旅行して、今日の食べ物に困っている人達がたくさんいて、子供達が必死に働いている姿を見てきた。無残に捨てられる残飯をそのまま持っていけば、どれだけの人が救われるだろうかと考えてしまう。

こういう気持ちで、明海を育ててきた甲斐があって、明海が手に持って食べている時に、「ちょうだい」と言って、手を出すと、それをお父さんの口に持ってきて、食べさせてくれたりする。とても嬉しい。弟ができたし、これからまだ兄弟が増えるだろう。みんなと仲良く分かち合えるようになってほしい。

12月19日に陽介が生まれた。今まではずっと明海が主役であったけれども、そろそろ陽介が脚光を浴びる時が出てきてもいい。どんな名前にしようかと考えた時、一時〝夢人《ゆめひと》〟にしようかと思ったことがある。それは夢を追う人、夢を実現させる人であり、夢って不思議だと思っていたからだ。でも、変わり過ぎているのでやめた。陽介の〝陽〟は〝陽気ぐらし〟(天理教の信条の一つで、陽気に暮らすこと)の〝陽〟であり、大自然の象徴である太陽の〝陽〟である。〝介〟は介助の〝介〟であり、人の役に立つ人間になってほしいと思う。明海とは頭の格好も耳も目も鼻も爪も違う。大きくなるにつれて似てくるのかもしれないが、違う方がよい。だって、違う人間なのだから。

1982年1月10日（日）

お母さんが日記に陽介のことをあまり書いていないものだから、お父さんが、天理に来た時にたくさん書いて帰ってくれた。

今日は陽介と明海がいっぺんに泣きだしたから、困っちゃった。明海をまずなだめて、おんぶして、次に、陽介にミルクを作って与えた。陽介はここのところ、ミルクを哺乳瓶から60～80cc飲むのがやっと。哺乳瓶からしっかり飲んでほしいのに。明海の時はおっぱいに吸いつかせるのに苦労したし、乳首が切れたりして、痛い思いをしたけれど、陽介は吸いつくのも上手。乳首が吸いつきやすくなったからだろうけど。おっぱいを飲む前と飲んだ後の顔の違いは、もうおかしいくらい。目に涙をためて、泣いて欲しがる顔が、口をとがらせて、開こうともせず、トロンとした顔になる。欲望が満たされるということはすばらしいことだな。

●小倉に戻る

1982年1月12日（火）

15日にお父さんに迎えに来てもらって、帰ることにした。その前に網干へ寄って、おじいちゃんとおばあちゃんと対面する。いつまでも安住の地にいられないし、あんまり楽な味を覚えてしまうと、後が恐ろしいから。今日もテレビでやっていた育児ノイローゼにかからないように、気楽にやろうと思う。のだが、果たして、うまくいくかな？　陽介におっぱいをやっている時に、明海をうまくおとなしくさせておくにはどうするか？　一人遊びの癖をつける。これが一番なんだけど、何かを食べさせるのも手かな。

陽介は1か月健診も終えずに帰るけれど、風邪をひかないように気をつけないといけない。

1982年1月22日（金）

天理を出て、ちょうど1週間。明海はしばらく前から下痢が続いている。急激に場所を移動したせいか、帰ってから寒くておなかをこわしたせいか、よくわからない。せっかくまるまるしてきたと思ったら、またこの始末で、私は育て方がへたなのかと思ってしまう。情けない。食べるのも少なく、ようやく歩きかけていたのに、フラフラして少ししか歩かない。

陽介はお父さんに陰嚢水腫みたいだって、言われた。おちんちんが少しふくらんでいる。陽介はよく眠るし、よく飲むようになった。お兄ちゃんに手がかかる分、おとなしくしてくれるので助かる。

1982年1月23日（土）（K記）

明海はどうも本調子ではない。16日に小倉に戻ってきてから、ずっと下痢が続いている。そして、夜はいつも何回か泣く。陽介は泣いても声が小さく、お母さんが乳をやるなり、おむつを替えてやるとすぐに泣きやむ。しかし、明海はそうではない。泣き出したら、お父さんが何をしてもダメ。陽介が泣き出してから、明海も泣き出す時がある。そんな時、お母さんが陽介におっぱいをやっていると、明海は延々と泣き続ける。

陽介が生まれる前、明海は少なくとも日中は機嫌が良かった。お父さんと一緒に遊ぶこともできたし、風呂に入っても、一人でチャプチャプできた。今、それが難しい。ちょっとしたことで、泣き出したり、仰向けになっても、なかなか起き上がろうとしなかったりする。そして、すぐお母さんを求める。長く天理にいて、環境が変わったせいかもしれない。体調が悪いせいかもしれない。だけど、それだけではないような気がする。お母さんが陽介に乳を与えていると、明海はそれを押しのけようとはしない。しかし、機嫌が悪かったり、お母さんに抱きついたりすることがある。寂しいのかもしれない。

泣き出して、手がつけられない時、「いちいち、泣くな！」と、叱り飛ばしたい気持ちにかられる。それは、お父さんの心の中に苛立ちがあるからだろう。いくらお父さんがあやしてやっても、泣き止まず、お父さんではなく、お母さんを求めているが故に、それは、うるさいだけではなく、お父さんにとって、寂しいことでもあるからだ。しかし、その時にいつも考えることは、明海はまだ1歳だということである。「お兄ちゃんなんだから、おとなしくしてなさい」と言って、わかる歳ではない。まだまだ母親の愛情を必要とする時期なのである。

そして、手がかかってはいるけれど、苦労の経験をさせてもらっているんだと思う。明海がこれからどうなるのかわからないけれど、それなりの子に育ったとしたら、あの時はあんな苦労をしたけれど、それが良かったんだね、と言える時が来るかもしれない。もし、そうなれたとすれば、同じようなことで悩む親達に向かって、自信を持って、「今が大切な時なんですよ。大変かもしれないけど…」と言えるだろう。

今晩はこうやって、書いている間中ぐずぐずと泣いていた。お母さんがそばで、添い寝をしてやっても、ちっとも泣き止まない。とうとうお母さんからもため息がもれ始めた。それもそうだろう。それからしばらくしてもまだ泣き止まない。

ただ、やさしくしているだけでは、甘やかすばかりで、時には厳しくすることも必要と考えて、明海を書斎へ連れていき、一人置いておいた。すると、明海は必死の形相でお母さんの所に行く。そして、お母さんに抱かれて、寝入りかけるのだが、、また泣き出すから、もう一度書斎に一人置いておいた。明海は同じように必死の形相になり、お母さんを求め、お母さんに抱かれて、ほっとする。

今度はもう寝るだろうか?

●寝ぐずり

1982年1月28日（木）（K記）

今夜もぐずぐず泣き、10時半を過ぎても眠らない。「うるさいぞ！　いつまで泣いているつもりだ！」と叱った。それでも泣き止まないので、書斎へ。先日と同じように、明海はお母さんを求め、お母さんに抱かれて、おとなしくはなったものの、やっぱり眠らず。お母さんはこたつの中に明海を放っておいて、ダイニングにやってきた。明海は泣く。もう一度「うるさいぞ！」。

それでも泣き続けるので、また、書斎へ。すると、今度はどう間違ったか、ダイニングに立っていたお父さんの所へやってきた。もう一度そのまま書斎へ。再び、お父さんの所へ来た。どうも間違いではなかったのかもしれない。抱きあげて、ふとんの中に入れた。すると、そのまま静かに寝た。

少し怖い。親の枠にはめ込んでしまうことが。本人の感情表出を禁止し、親の都合を押しつけてしまうことが。かといって、甘やかしてばかりもいられない。大きくなったら、どうなるのだろう?

24日の日曜日、お母さんが買い物に出かけたので、僕が明海を連れて、近くの平和観音まで行った。山道の途中で、明海は心細くなったのか泣き出した。頂上に着いても、時々泣き止む程度。山を下りる時、あんまり泣くから放っといてやる。そして、もう一度抱いてやると、おとなしくなる。23日以来使い出した手だ。

1982年2月5日(金)

ここのところ、お母さんが日記をつけるのをさぼっているせいか、お父さんがたくさん書いてくれる。

小倉に帰ってきて、20日が経った。明海と陽介がお昼寝をしている時、お母さんは天国だ。以前のようにおなかが大きくないから、眠気を除けば、それ程の疲れはない。

3日前、陽介の1か月健診だった。同じアパートに住む緒方さんに明海を頼んでいったけれど、気が気でなかった。だいぶ泣いていたらしいけれど、帰った時は遊んでいた。大助かりだ。明海を連れて行ったら、大変だったと思う。

陽介は口の中に鵞口瘡ができていた。それに陰嚢水腫。顔にも少しぷつぷつができているが、小児科の戎先生は「これくらいはあるよ」って、おっしゃった。この子は大丈夫であってほしいのだけれど、どうかな？　明海は痒くてかわいそうだから。

2人の子供を産んで、家族が4人になった。ここまでくると、あっという間という感じがする。生まれ出てしまうと、あとは放っておいても何とかかんとか大きくなる。大病をしても、治ってくれれば、また大きくなる。あと2人産むことになるか、お父さんが断固言い張るように、あと3人になるかわからないけれど、できてしまうまでが大変で、早くできてしまえと思うけれど、そうもいかない。

それにしても、今が私にとって、満開の時期なのかもしれない。女としての役割を十分に出し切っているときだから。これから、子への役割が父親に半分移っていくようになると、私自身の存在が大切になるだろう。その時に、私はどんな妻であり、母であり、自分であるか、今からその礎を作っておかないと、手遅れになりそうにも思う。勉強も書道も中途でおいてある。それらを再開するか、あるいは、新しい何かを始めるか、ともかく、何か打ち込めるものを持っておきたい。今やるのは大変だけど、まねごとだけでもいいかもしれないし、心の準備だけでもいいかもしれない。

そう考えている私は今26歳。20歳の頃からすると、私は随分変わったし、色々知ったし、経験した。やはり、結婚、出産というのは大きな変化で、これからは、大した変化はないかもしれない。ただ、子供が大きくなって、私達夫婦は少しずつ歳をとるだけかもしれない。あと10年もすれば、考え方は変わっているだろうか？　少なくとも、家の中の雰囲気は随分違うだろうと思う。

1982年2月19日（金）

最近よく感じるのは、1週間がとても早いということだ。お父さんがあっちこっちへ行くせいもあるかもしれないが、それでなくても、すぐ経ってしまう。おちおちしていると何もできずに1か月が経ってしまいそう。明海のベストを編んでいるが、まだできない。

陽介はぷくぷくとよく太っている。明海のときには、考えられなかったくらいだ。そして、夜もよく眠る。昼間、ギャーギャーと泣くこともあるが、放っておかないと何もできなくなりそうなので、泣かしている。汗をたくさんかくので、冷えないか心配だけど。

1982年2月21日（日）（K記）

明海は10時になっても、11時になっても、一向に寝ようとしない。起きているのが楽しくてしょうがないようだ。一日中、ウロウロ、ケラケラ、ギャーギャーと落ち着くことを知らない。随分、大きくなったものだ。お父さんやお母さんの遊び相手になってくれる。ベビーダンスの引き出しを開けると、ゴロっと横になる。おしめ（布製）を替えるのがわかっている。風呂に入ることも、外に出ることもわかっていて、服を脱いだり、靴を履いたりするのに手足を出すようになった。「これ持っていって」と言うと、持っていってくれる。また、陽介くんのほっぺにスキスキをする。それまで、家の外では歩こうとしなかったが、今日は階段を下りた所から、門のところまで歩いた。そこでしゃがみこんでしまったが、お母さんと3人で出かけるのが、とても嬉しそうだった。

陽介は明海に比べて、目立たない。夜中も泣き騒がないし、泣いても、あやすと泣き止むし、長く放っておくと、そのうちおさまる。

1982年3月1日（月）

陽介が少し笑うようになった。まだ、たまにだけれど、声も少し出る。か細いけれど、かわいい声。おっぱいをほしそうにする顔と、ウンチの後でおしりをきれいにしてやっている時の顔がお母さんは大好き。

明海はお母さんがおっぱいをやっている時、いい子の時と、膝に乗ってきては陽介にちょっかいを出したり、私のセーターを咬んだりする時とがある。でも、先日、初めて公園で歩いた。それまでは、私の手につかまっていないと歩けなかったのに、お友達が滑り台で遊ぶのを見て、最初は私が抱えて滑り台をすべっていたら、慣れたらしく、滑り台につかまって何やら始めた。それから、ジャングルジムでも一人で歩き出した。それからは、私が「おいで」と言っても、近寄って来ないで、結構楽しそうに走り回っていた。家と同じく、ここも自分が歩いても、危なくないことがわかったのだろう。彼にとっても世界が広がった。

1982年3月16日（火）

陽介があと3日で3か月。今月の終わりには、お食い初めをしてあげなければならない。早い。ミルクと混合にしているが、明海の手のかかりようからすると、ずっと楽だ。

3年間に子供の基礎が出来上がってしまうと言われるが、なるほどと思う。生まれた時は何もできないのに、たった1年数か月で歩き出し、ことばを覚えていく。その間に、泣いたり、笑ったりしながら、色んなことを理解していく。この間のことは記憶としては何も呼び起こせないが、見えないどこかに、しっかり残っているのだろう。

●夜泣きがおさまらない

1982年4月15日（木）（K記）

明海はかなり親のいうことが理解できるようになってきた。しかし、なかなか夜泣きがおさまらない。今夜も泣き出した。お母さんがそばに行ってなだめても、離れるとすぐまた泣き出す。2〜3回繰り返してもだめだったから、お母さんはあきらめてふとんから離れた。泣いても放っておいたら、15分くらいして、自分で這い出して、こたつにいるお母さんの所までやってきた。泣き止んだので、ふとんに返すと、また泣き出す。

お父さんもがまんができなくなって、「いつまで泣いてるの！　いい加減にしなさい！」と叱る。一旦はおとなしくなったが、また泣き出す。「そんなに言ってもきかないのなら、また向こうへ連れて行くよ！」。泣き止まないから、とうとう書斎へ連れて行った。以前と同じように、すごい剣幕で戻ってきた。お母さんに抱かれて泣き止むが、ふとんに戻すと、また泣き出す。もう一度、書斎へ連れて行く。大声で泣き叫んで、戻ってくる。お父さんがダイニングのテーブルのそばで立っていると、明海はどうしようかと考えながら、お父さんの足元に寄ってきた。

お父さんは明海を抱いて、ふとんの中に入れた。今回は以前と違って、また泣き出した。泣いていても、放っておいたら、また起き出してきた。しかし、お父さんがにらんでいるから、前に進めない。頭をかいたりして、立っている。お母さんも知らぬ顔。そばまで来たら、お母さんが振り向いてくれたので、抱きついた。そして、スーッと泣き止んだ。お母さんが体を離しかけると、ぐずぐず言うから、今度はお母さんがずっと添い寝をした。

今までは叱ると、あるいは、恐い顔をすると、泣き止んでいたが、今日は失敗。明海君の粘り勝ち。それにしても、悩みながら、泣いている様が何ともいえない。

1982年4月18日（日）

今日はまた平和観音のある鷲峯山に登った。子供を一人ずつ、抱いたり、おぶったり。頂上近くで、お母さんが疲れてしまったので、2人とも抱えてもらったけれど。帰ってきた後、明海と陽介が顔を見合わせて笑っていた。何となく、仲のいい兄弟という感じがして、とても嬉しかった。

あと2か月少しで、ここともお別れ。陽介はまだ全然わからないし、明海も忘れてしまうだろうけど、お父さんとお母さんは第二の居住地として、覚えていくだろう。懐かしいような、寂しいような、でも、新しい所の新鮮さにも惹かれる。

1982年4月30日（金）

この頃、陽介がよく泣くようになった。夕方から夜寝るまでの間がひどく、お父さんも閉口している。明海ほどではないが、湿疹もできている。

明海はお父さんが帰ってくると、おじぎをしている。行ってらっしゃいの時も、ただ手をふるだけではなく、手をひねることをする。しかし、お友達が遊びに来て、おもちゃを持っていると、自分のものだと言わんばかりに、取り上げようとする。

1982年5月30日（日）（K記）

明海は近頃、お父さんのところへよくひっついてくる。以前は、たまにおあいそ笑いをしてくれる程度だったのに。〝たかい、たかい〟をしたり、〝ぶらん、ぶらん〟をしたりして、遊んでやっているだけではないだろうと思う。本当は、お母さんのそばにくっついていたいのだろうけれど、お母さんは陽介の世話に忙しい。

陽介が泣いている時、明海に「陽くんが泣いてるよ。よしよししてあげて」と言うと、陽介をあやしてくれる。だけど、それは陽介に対する愛情ではなく、そうすれば、両親が褒めてくれるからだろう。時々、陽介の顔をたたいたりするが、お母さんとお父さんの厳しい目が光る。しかし、陽介をだっこしようとしたり、陽介の顔に自分の顔をひっつけようとしたりするのは、何だろう？　それらまで、愛情欲求表現とは言えないように思う。いずれにしろ、母対子の1対1の関係から、両親、弟を含めた複数の対人関係に移行しつつあることだけは確かだ。

「おかえじ」「ぐはん」などのカタコトが言えるようになった。テーブルに水をこぼした時、「お母さんにふきんもらっといで」と言うと、もらってきて、テーブルを自分で拭く。しゃべるのはまだまだ不十分だが、理解力はついてきている。

明海の手の届く所に大事なものを置いておくと危険だが、危なくない範囲で、テープレコーダーや鍋、お椀などは自由に持たせている。本には落書きをしてはいけない、書く時は新聞広告の裏、とけじめをつけさせていることもあって、本棚や机の上をいじっていても、あまり心配していない。

〝子供の世話は手が焼ける〟と思う。昔もやっぱりそうだっただろうと思うが、戦後の急速な経済成長と生活様式や家族システムの変化によって、相対的にその度合いが強くなった。『母原病』（サンマーク文庫）の著者、久徳重盛氏が言うように、〝風呂焚きや炊事・洗濯の手間が省け、何でも簡単に手に入る世の中になって、子供ほど手のかかる不便なものはなくなった。また、農家や商人の家庭では、母親が重要な働き手であった。子供を育てるのではなく、育っていった〟という方が的を射ているだろう。僕達の家庭においてもそうだが、団地の狭い空間の中で、限られた大人達とのみ接触している子供達は、やんちゃとならざるを得ないし、大人はそれを抑え込もうとするから、バトルが起きて、余計に手が焼ける。

●明海の発熱

1982年6月21日(月)

明海がまた熱を出した。1週間前は39・5度まで上がった。翌日には微熱に変わったが、咳が出て、食欲がなくなった。戎先生に診てもらうと、喘息様気管支炎と診断された。処方された薬を飲ませると、咳も減り、少しずつ食欲も出てきた。明海は細いから、熱を出したりすると、すぐに弱るし、アトピーのため、喘息になりやすい。このまま落ち着いて、本物の喘息にならないでほしいと願う。

陽介は明海とさほど変わらぬ体重になってきて、元気。気になるのは、首のリンパ節が腫れていること。私にはよくわからないけど、あお向けで動きまわるからかな。

あと1週間後に引っ越しを控えて、気分もあわただしい。

1982年6月26日(土)(K記)

今日で3晩連続である。夜中に陽介が何度も大声で泣き叫ぶのが。今までなら、乳をふくませれば、おさまっていたものが、見向きもしない。いくら抱いて、あやしてもダメ。最初の夜はスプーンで水を与えると落ち着いた。変な子だ。昨晩はそれでもダメ。おぶってやったら、落ち着いた。今晩は、お母さんが抱いても、あやしてもダメ。おぶってやると何とか泣き止んだ。それにしても、今までは、何ておとなしい子だろうかと思っていたのに全く違う。しかし、不思議なことに、こんなに大声で泣いているのに明海は起きない。

陽介は仰向きになって、部屋中を泳ぎ回る。すみっこに当たって、動けなくなると、泣き出す。うつ向きにしておくと、方向転換はできるが、前へは進めない。そのうち、仰向きになる。

明海はよその家に行くとおとなしい。今日は戎先生の家にお呼ばれをしたが、全くしゃべらず、何も口にしなかった。そのうち、38度の熱を出して、嘔吐して、寝込んでしまった。

●新日鉄八幡病院に転勤

1982年7月1日（木）（K記）

北九州市八幡東区にある新日鉄八幡病院に転勤になった。住まいは新日鉄の社宅。相当古いが、鉄筋の2階建てで、小さな庭もある。静かな所なので、子供を遊ばせるのにはいいかもしれない。

1982年8月9日（月）（K記）

明海がおもちゃの車を並べている。陽介が向かいに座って、それをほしがる。しかし、明海はやらない。陽介が泣きだす。母親は台所で洗いものをしながら、「あっ君、一つ貸したげなさい」と言う。明海は泣いている陽介を突き飛ばす。

子供には弱い者を助けるという心はない。まず、自分が生きのびるという生存の欲求があって、ある程度大きくなり、社会性が培われた後に、そういう気持ちが芽生える。「ようくん」と言って、話しかけると、陽介はにっこりする。〝タカイ、タカイ〟をしてやっても、にっこりする。すると、明海が「コウタイ」「コウタイ」とせがみ出す。

1週間ほど前、明海は夕方の空の三日月をみつけて、「アレナニ」「アレナニ」と2語文を言った。また、陽介が扇風機をいじっていると、「ムナイ」「ムナイ」と言って、制止した。

1982年8月22日（日）（K記）

朝ごはんを食べて、会社所有のテニスコートへ行った。最初の10分か15分くらいは、陽介もおとなしく、明海もボールとラケットを持ってはしゃいでいた。そのうち、陽介がぐずり出した。ベビーカーに乗せて、うろうろしているうちにようやく寝たかと思うと、今度は明海がぐずり出した。明海はたちが悪くてすぐに寝ない。寝かけたかと思って、お母さんが離れると、すぐにまた泣き出す。2人がようやく寝静まったすきに、がんばってテニスをしようと思ったが、その頃には太陽は真上に昇り、お父さんもお母さんも少々バテ気味。遊ぶのにも苦労がいるなぁ。

1982年9月26日（日）（K記）

明海は陽介が触っているおもちゃを取り上げて、突き飛ばす。陽介は泣く。それでも起き上がると、また突き飛ばす。「これ！　明海いけません！」とお母さんが叱る。明海は別の方へ行って、足けり車に乗ったり、パトカーを動かしたりする。陽介は今突き飛ばされたことを忘れて、明海が持っているものに向かう。母親がいくら叱っても、陽介を突き飛ばすのをやめない。陽介は突き飛ばされて痛かろうが、そのうち、自分なりの方法をみつけるだろう。

1982年11月9日（火）（K記）

明海は「おがあぢゃん」「どうぢゃん」と言えるようになった。お母さんとお皿が欠けた話をしていると、明海が食卓を立って、そのお皿のところまで行って、「ごわえだ、ごわえだ」と言った。結構、話の内容がわかっているようだ。陽介はまだ言葉らしい言葉はない。

明海はトイレに一人で行って、ごそごそしだす。「おしっこ？」と聞くと、戸を開けようとする。ズボンを下ろして、戸を開けてやると、子供用の便器をまたいで、チューとおしっこをする。そして、「ない」と言って、終わり。もちろん、まだ失敗する時もよくある。

1982年11月11日（木）（K記）

昨夜も陽介の大きな泣き声のために起こされた。お母さんが添い寝をしても一向に泣き止まない。かなりの大声なので、隣まで聞こえるのじゃないかと心配した。ちっとも泣き止まないので、僕はとうとうしびれを切らした。でも、「うるさいなぁ！」とは言わない。お母さんだって、必死だもの。抱いてやると泣き止むが、下ろすとまた泣き出す。それを繰り返すものだから、しかたない、陽介をおぶって、社宅のそばにあるグランドの周囲を歩いた。一周して帰ってきた後は、さすがに、すんなり寝てくれた。それにしても、なぜ夜中にこうも大声で泣くのだろう、日中はわけもなく泣くということはほとんどないのに。

明海はお母さんがいなかったら泣く。そして、お母さんがそばでさすってやると落ち着く。陽介はそれらのどちらもあまりない。未だに人見知りがなく、抱いてもらえたら、お父さんで十分。また、明海のように臆病さがないから、よその人には好感を持たれやすい。しかし、這って、外へもすぐに出たがるので、けがをしやしないかと心配だ。

こうやって書いていると、気づいたことだが、ついつい二人を比較している。明海はこうだった、陽介は?と。それぞれが別の人間なのだから、比較してもあまり意味がないはずなのに。比べたくなるのは人間の性《さが》か?　まあ、それぞれなりに、育ってくれればいい。

●年末年始の里帰り

1983年1月5日（水）（K記）

長い旅だった、ような気がする。年末、年始にかけて、夫婦それぞれの実家に帰ったが、とても落ち着けたものではなかった。お母さんがそばから離れただけで、エーンエンと泣き出す明海。ヨチヨチ歩きしながら、所構わず触りまくる陽介。この2人に手がかかり、片時も目が離せなかった。

今朝4時過ぎ、突然、明海の「かえる！　かえる！」と泣き出す声が、真っ暗で静まり返った部屋に響き渡った。「コラッ、うるさい！　いい加減にしろ！」「帰りたきゃ、勝手に帰れ！」とも言えない。お母さんはだまって、明海を抱き寄せる。いつまでも。それで、しばらく泣き続けた明海もようやくおさまった。

一昨日も自転車で、網干の海に連れて行って、家に戻って、部屋に入ろうとすると、「かえる！　かえる！」と泣き出した。よほど家が恋しいのか、慣れない所がイヤなのか。これから、何回か引っ越さなければならないことを考えると、うまくやっていけるだろうか？　それとも、今までの育て方が悪かったのだろうか？と、一瞬悩んでしまった。

お母さんに3人目の子が宿った。

1983年1月9日（日）（K記）

陽介は少々のことではグズグズ言わず（ただし日中）、こちらが微笑みかけてやると、ニコニコしている。寝転んで、枕にする時は、断然陽介がいい。少し嫌がるだけで、1分くらいはそのままでいてくれる。それに比べて、明海はすぐに「イヤーン、イヤーン」と言うし、無理に抑えていると泣き出すから始末に負えない。それに、陽介はふあふあしているが、明海は骨ばって硬い。

「ナームーテンリーミーコートー」（なむてんりおうのみこと：天理教の祈りのことば）と言っては、両手をたたみにつけて、頭を下げるのが、明海は大好きだ。昔から、おつとめ（天理教の勤行）が好きだったけれど、今回帰省して、さらによく覚えた。網干からの帰りの新幹線の中で、

「チョートーハーナー」（ちょいとはなし……天理教の祈りのことば第2節）と大きな声でやりだしたものだから、周りの人がびっくりしやしないかと心配した。網干のおばあちゃんが小さな太鼓を送ってくれたものだから、おつとめのように、ばちを持って、太鼓をドンドンとやり、積み木を2つ持って、拍子木のようにカチカチ叩く。

陽介が何かを持つと、あるいは、何かを持たせると、すぐに明海が取り上げる。例えば、弁当箱を「陽くん、これお母さんのところへ持って行って」と言うと、陽介はまだ理解できず、弁当箱を持ったまま、うろうろする。すると、明海がすぐにそれを取り上げて、持って行ってくれる。明海はトミーの新幹線が好きだが、彼がレールを繋げていると、陽介が来て、壊し始める。「イヤーン」「ダメ」と明海は言って、陽介を突き飛ばす。突き飛ばされても、陽介は泣かず、果敢にまた取りに行く。

陽介は食べ過ぎるほど食べるが、明海は違う。鳥が食べるほどしか食べず、すぐにごはんやおかずをもてあそぶ。「遊ぶんなら、食べなくていい！」と叱るが、「イヤーン」と言うだけで食べない。みかんと牛乳だけはよく摂る。すぐに、「ミカン、ミカン」あるいは、「ギューニュー」とせがむ。「もうありません」と言うと泣く。

このような場面に、どのように対応したらよいのか、悩む。いずれ食べるようになり、ぐずぐず泣かないようになることがわかっていれば、何も目の前のことに、いちいち目くじらを立てることはない。しかし、今きちんと躾をしておかねば、偏食の強い子や我がままな子になるのならば、しっかり言っておかないといけない。まだ、経験も知識もないということは心細い。

1983年2月13日（日）

私はちっとも出る幕がなくなってしまった。時間を捻出すればあるのだろうが、書くよりも、寝るか、他のことをする方を選んでしまう。彼らが寝てしまったら最後、彼らとはできるだけ関係のない世界へ入っていたいのだ。彼らのものを作ることもあるが、それも作るということでは自分の行動だから。

この頃、子供との生活に非常に慣れた感じがする。お昼を作ることも、割と楽にできるようになった。今日は何にしようか、ということを数時間前には決めておき、先にしておくことは早めにして、時間の配分をする。寝かせ方で起き方も決まるので、寝かせる時間を考え、食べさせるタイミングや量も考える。それも、これも、彼らが一定のリズムを持つようになったからで、やはり、1歳を過ぎないとだめだ。1歳までは、すべてがどんどん変化していく。

明海がいつになったら、私から離れても動じなくなるだろうか？　トイレまで泣きながらついてくる、ということはなくなったが、やはり探しにくる。自立の日が待ち遠しい。でも、その時はその時で寂しいと思うのかもしれないが。

明海と陽介が2人で仲良く遊んでいると、頑張って続けて産んで良かった、男同士で良かった、と思う。このままずっと、仲良く大きくなってくれたら…などと考えていると、明海が陽介の頭をポカッ！と叩き、陽介が泣き出す。アレ、アレ。

あと1か月余りもすれば、また引越しだけど、一応2人いるから、一人ぼっちになることはないので、あまり心配しなくてもいいだろうか？　新しい所にもすぐに慣れてくれたらいいなぁ。

陽介がタンスのところで転んで、「イタイ」と言って、タンスを叩いていた。

おなかの赤ちゃんは4か月半ばになったけど、まだ動かない。健診にも行っていないので、いるのかいないのか。でも、おなかがだいぶ出っぱってきた。

●明海の宝物

1983年2月24日(木)(K記)

明海には宝物がたくさんある。ほとんどがおもちゃの〝じどうしゃ〟や〝ピーポー〟のたぐいであるが、片時もそれらを離したくないかのようだ。夜寝る時はそれらをカバン(手製の手提げ袋)につめて、朝起きると、それらを持って、2階の寝室から下りてくる。夜中におしっこをする時も、それを抱えて1階に下りる。

先日、なかなか寝つかないので、一旦、1階に下ろして、ホームごたつで寝させた。眠ったので、12時前に抱いて上がった。持って下りたカバンは寝ぼけてるからいいだろうと思っていたら、ふとんの中に入るや「カバン!」と叫び出した。泣かれてはかなわないので、「ちょっと待っとき、お父さんが取ってきてあげるからね」と言って、持って上がった。

いくつもあるおもちゃの車を抱え込み、一つでも陽介が取ろうとすると、「イヤーン」と叫び、取り返す。ついでに、頭をポカリと叩いたりする(親の顔色を見ながら)。陽介も心得たもので、明海の目を盗んで、それを取る。取るとそれを持って逃げる。見つけた明海が追いかける。陽介はつかまる前にそのおもちゃをポイと投げる。そして、また別のを取りに行く。するとまた、明海が追いかける。

今日は仕事に疲れたから、早く帰ってきた。まだ明るかったので、子供達を連れて散歩に行こうと思った。２人に声をかけたが、付いてきたのは陽介だけ。明海も靴を履くには履いたが、庭の出入り口の所までしか来ない。「おいで」と手招きをするも、家の中に入ってしまった。それで陽介の手を引いて歩きかけた。振り返ると、明海が庭の出入り口の所まで来て、こちらを見ている。「おいで」ともう一度手招きをしたが、やっぱり家の中に戻ってしまった。一緒に行きたいけれど、ちょっと怖いのだろう。陽介はトコトコと歩いた。まだ14か月だが、ほぼグランドの周りを一周した。

明海と陽介、どちらもかわいい子供である。同じようにかわいがりたいのだが、子供達の行動が違う。明海はお母さんにベターッとし、お兄ちゃんに何かしら取り上げられてしまう陽介はむしろお父さんにくっついてくる。夕食の時も、お母さんに抱いてもらっていても、食べているお父さんの所へ来たり、朝目覚めても、朝餉の支度に下りていったお母さんの寝ていた場所にもぐり込んで、お父さんと一緒に春眠をむさぼったりする。

●2度目の博多住まい

1983年4月11日（月）（K記）

博多に戻ってきてから、10日が経った。今度の家は川沿いの公団住宅で、10階のベランダからはカモメや新幹線が走るのが見える。子供達は前の家と違って、すぐに外に出られず、一日中家の中にいるのが苦痛のようだ。朝、僕が出かける時、「（ボクも）仕事行く」と付いて来るし、「散歩に行こう」とか、「バスに乗るよ」とか言うと大喜びする。家の中では、明海は陽介をいじめ、陽介は部屋中いたずらして大変らしいが、外に出ると二人仲好しだ。

3月の末、引っ越しの手伝いに網干のおばあちゃんが来てくれた時、明海と2人で、小倉駅まで迎えに行った。引っ越しが終わって、博多駅へ見送りに行く時も、明海は付いてきた。帰りにダイエーで買い物をしている時、「おうちかえる」と泣き出して困ったが、「これを買うまで待ってね、買ったら帰るから」と言うと、何とか泣き止んだ。お母さんがいなくても、何とかやれるようになった。

陽介と一緒にお風呂に入った際、お父さんが頭を洗うために、陽介を一人湯舟に入れておいた。しばらくチャプチャプやっているうちに、足がすべって、陽介がズブン。あわてて抱きかかえた。しかし、以後、陽介はお風呂を怖がる。昨日も一緒に入ろうとすると、泣き出した。すると、明海が、「こわくないよ」「あっくんがいるからこわくないよ」と慰めてくれた。

陽介は全くのワルで、そこらじゅうを荒らし回る。足腰が強いから、手を伸ばして、取っちゃ引っかきまわし、なめくって、噛みつぶす。もうちょっと体の成長と同時に頭の中身も成長して、ものわかりが良くなってほしいと思う、親の勝手だが。高田先生の所にお呼ばれに行った時も、陽介を抑えるのに必死だった。牛乳や水をジャーとやらなかっただけでも、「良かったね」とお母さんと話した。

陽介は絵本がとても好きで、「ウン、ウン」と言っては、絵本を読んでくれとせがむ。本棚から引っぱり出しては一人で見ている時もある。すぐにビリビリと破ったりもするけれど。しかし、陽介に絵本を読んでやっていると、明海がそれをすぐに取り上げてしまう。陽介が別の絵本を取ると、またそれを取り上げる。「そんなことする子嫌い。陽君と別のことをして遊ぼうかな」と言うと、明海は「ウーン、ウーン」と言って、その絵本を返す。「一緒に読もうね」と二人を抱えて、読みだすが、二人は絵本の取り合いをする。

陽介は「ずいずいずっころばし…」とやりだすと、人差し指を握りこぶしに突っ込むし、「むすんでひらいて…」を途中まですると、両手を上げる。明海は「みっつ、よっつ、むっつ、ここのつとお」と数を数えたり、「つぎはこくら、こくら」と言ったりする。また、今住んでいる団地は9棟で構成されているが、お母さんの話だと、明海は自分の家がどの棟なのかがわかっているらしい。

●依存と独立

1983年4月12日（火）（K記）

〝子供は親に依存し、成長するにしたがい、親から独立する〟と言われる。しかし、2人の子供達を見ていると、〝依存〟という受動的なものではなく、要求貫徹のためのストライキのような能動的なものに思える。

彼らは自分の求めるものを得るために親を操作しようとし、得られなかったら、得られるまで泣く。特に乳児はそうで、幼児になると、親の方もここで折れたら、あとあと困るから、と知らんぷりをしたり、「ダメ」と言ったりして、力比べが起きる。あまり子供の要求が強いと、折れざるを得ないが、大抵は親の方が強いために、幼児は泣く泣く引き下がる。さらに、成長していくと、子は自分の要求を通すために、親の顔色を伺い、どうすれば、うまく要求を通せるかの要領を覚える。

これは〝依存〟とは言えないのではなかろうか？　ニワトリの胚が卵黄と卵白を栄養分にしてひよこになるように、生物としての一個体が生きる糧を得るのに、最初はそばにいる親からもらい、長じるにしたがって、外界から得るだけのことではなかろうか？　ひよこは卵黄と卵白に依存し、それらから独立するわけではない。ただ食べ終わっただけのことである。つまり、子供を、親に依存するとか、独立するとかという概念でとらえることはできず、どのように生きる力を発揮しているか、という観点から見る必要があるのではなかろうか？

明海は陽介の触るものを何でも取り上げたり、陽介を突き飛ばしたりするが、それらに対し罪悪感はない。明海がそうするのは自己保存能からであり、自然な行為である。そのような行動に対して、「いけません」と親はたしなめるが、それは躾という名の親の価値観である。叱られるという嫌なことを避け、自分の欲求をうまく通すためには、親の言うことに従った方が得なので、突き飛ばすという行為の頻度は減少するだろう。

それと同時に、何でも親のまねをしたがる（例えば、スープを飲む時、子供用のプラスティック製のお皿を嫌がり、スプーンも親と同じ大きいのをほしがる。また、肉があると、「ボクもする」と、ナイフとフォークを使いたがる）のと同じように、親の価値観を無意識に取り入れて、明海もそれらはいけないことだと思うようになるだろう。

ところで、家の中では陽介をいじめることがあるが、外に出ると、ぱっと陽介と手を繋ぐ。これも家の中では陽介はライバルであるが、外に出れば、不特定の危険に対しての味方という点で、明海の行動が理解できる。

1983年5月20日（金）

明海のおむつが順調にとれ、洗濯がすごく楽になった。陽介はウンチに連れて行っても、すぐごそごそし、落ち着いてできないので、ついついさせたままにしている。だから、とれるのには時間がかかるかもしれない。

今月に入って陽介が夜中に何回か喘息の発作みたいなのを起こした。泣きながら、コンコンとかわいそうなくらいしんどそうに咳き込む。抱いて、背中をさすったり、叩いたりして、少しおさまれば、少し眠る。でも、またぶり返したりすることがある。私がこの頃おなかも大きくなって動きが鈍いし、いたずらがすごいので、よく叱ったせいだろうか？　明海におもちゃを貸してもらえないし、ストレスがたまったのだろうか？と思った。お父さんは「それらもあるかもしれないが、体質的なものがあるだろう」と言ったけど…。「子供のうちは苦労しなければ」とお父さんが言ってくれたのがすごく嬉しくて、気負ってどうしようかと思っていた気持ちが和らいだ。

3人目が生まれたら、一体どうなることやら。それでも、元気な子が生まれてくれたらいい。どんな顔をしているのかなぁ。

●義兄の死

1983年5月22日（日）（K記）

朝4時頃、前夜に引き続いて陽介が喘息様発作を起こし、背中をさすってやっている時、突然電話が鳴った。敏文兄さん（家内の長兄）が交通事故で亡くなったという知らせだった。全く信じられない出来事だ。お母さんが泣いている。無理もない。とても仲が良かったんだから、とてもいい人だったんだから。言葉がない。陽介のことが気がかりだが、もう寝てはいられず、喪服を用意して、出かける準備を整えた。

1983年5月27日（金）（K記）

お葬式の夜も陽介はゼイゼイと喘息様発作を起こし、コンコンと咳き込み、ヒィーヒィーと苦しくて泣いた。明海の方がアトピーがひどく、風邪をひくとすぐにゼイゼイやっていたから、気管支喘息にならないかと心配していたが、それ以上明海はひどくはなっていない。それに対し、陽介はいくらかアトピーはあるものの、1歳になるまではあまり風邪もひかず、熱も出なかったのに、ひどい喘息様発作を起こしている。

気管支喘息に関して、アレキサンダーは母親やその代理者からの分離独立に対する不安や、それらへの依存欲求がおびやかされることとし、喘息は泣くこととの代理であり、発作は幼児が泣きたい気持ちを抑圧している状態に相当する（岡安大仁、他：心身医学より見た気管支喘息．最新医学、26.7, p 281, 1971.）、と述べている。心して受け止めてやらねばならない。

第3章 第3子誕生

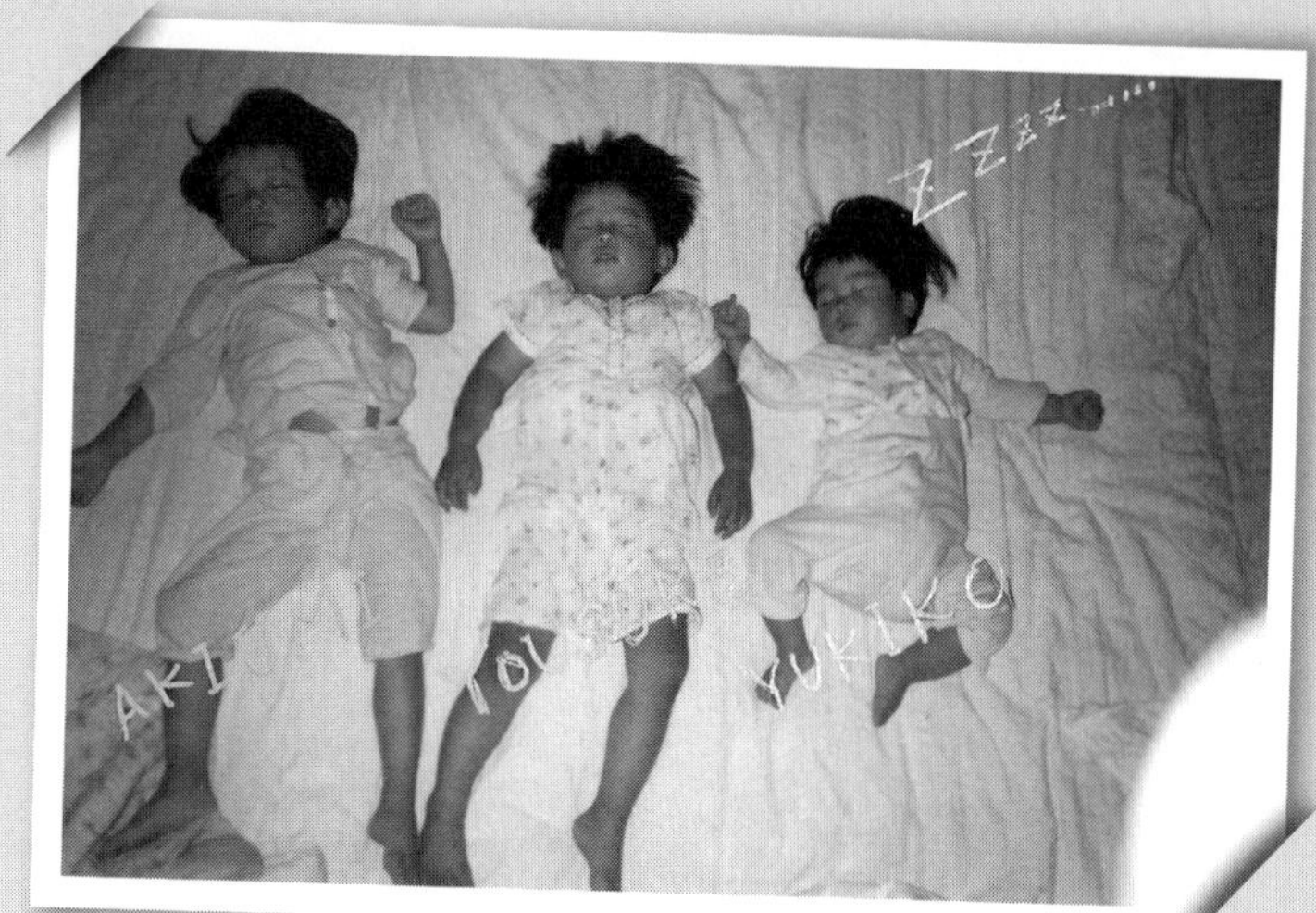

おやすみ

●第3子（愉喜子《ゆきこ》）誕生

1983年8月11日（木）

6月24日、妊娠9か月のお母さんと子供達2人を天理に残して、お父さんは博多に戻った。

7月16日の夜9時過ぎ、おじいちゃんやおばあちゃんの住む詰所（天理教信者のための宿泊施設）に着いた時、陽介と明海がニコニコして迎えてくれたこと、18日の朝早く詰所を出発する時、陽介が「とうちゃん、とうちゃん」と泣きながら引き留めてくれたことが忘れられない。嬉しかった。

詰所は夏の一大行事である〝子供おぢばがえり〟（夏休みに全国の子供達が天理に来て楽しむための一連の行事）を控えてせわしいし、亡くなった兄の一人息子（明海と同年齢）の子守りに手いっぱいのおばあちゃんやおじいちゃんにとって、お母さんが入院した後、2人の子のめんどうをみることは困難だった。それで、2人は急遽網干に預けられることになった。ついこの間、網干の家に入ろうとしたとたん、「入らない」「帰ろう」と、明海は嫌がった。お母さんに背中をさすってもらわねば眠らない明海、ところ構わず、ひっくり返し、何でもかぶる陽介。大丈夫だろうか？

7月27日、お父さんが10日間の絶食療法を終えて、網干に立ち寄った時、明海はお父さんの顔を見て、一瞬誰だろう？という顔をした。口髭を伸ばしていたせいもあるかもしれない。それでも、間もなくお父さんと認識して、手を繋いで近くの公園まで遊びに行った。膝に乗せてブランコに乗っている時、おばあちゃんが自転車に乗って、「あっ君、行くか？」と声をかけてくれた。明海は喜んで、自転車の後に乗せてもらって、おばあちゃんが毎日通っている5㎞ほど離れた別の教会に連れて行ってもらった。おばあちゃんによくなついていた。おばあちゃんがお母さん代わりで、2人とも「おばあちゃん、おばあちゃん」とひっついている。明海はおばあちゃんに背中をさすってもらって眠りについていた。

陽介はお父さんが着いた時、お昼寝の最中だったが、目が覚めると、飛んできた。お母さんが手紙で、陽介はずいぶん言葉が増え、2語文もしゃべるようになったと知らせてくれていたが、確かに言葉がしっかりしてきた。「大きいボール」「ごはん食べる」などと言うし、時には3語文かと思われるものもあった。みんなによく叱られる分、可愛がられている。おつとめの最中もじっとしておれず、火鉢の灰をいじったり、本（天理教の教典）をめくったり、神殿の結界の中に入ったり、〝手踊り〟の最中におじいちゃんやお姉ちゃんに抱きついたりする。食事をする時も、庭で遊ぶ時も、彼が何かしようとすると、それは危険なことであったり、大人が困ることであったりするために、その度に叱られる。それでも彼はニコニコしている。憎めない。

7月29日、お父さんは仕事のために、朝早く唐津へ向かった。そして、7月30日に再び網干に戻ってきた。お母さんが入院したという電話をますみちゃんからもらっていたので、天理に行こうかどうしようかと迷っていた。午後9時頃、元気な赤ちゃんが生まれたという知らせが入った。翌日、母子の顔を見に行った。真っ黒なふさふさした髪の生えた女の子だった。どんな娘に成長するのだろう。お母さんは一つの仕事を終えたというような充実した表情をしていた。

8月7日、1週間の内観療法の体験を終えて、再び娘の顔を見に行った。まだ赤い顔をしている。夜泣きすることもなく、ずいぶんお母さん思いの子だとのこと。お母さんもいそいそと母乳を与えている。

愉喜子と名付けた。愉しみ、喜ぶ子。どんな境遇にあろうとも、自分の人生を愉しみ、喜びに満ちあふれた生活を送ってほしい。と同時に、人を愉しませ、喜ばせることも忘れないでほしい。

8月9日、網干に着いた。僕の姉や妹達もそれぞれの子供を連れて帰省していた。明海はおばさん達や明海より年上のおばの2人の娘らと馴染めていない。おばさんがお菓子をあげようとしても、尻込みをし、「もらっといで」と言っても、行こうとしない。お父さんが寝ていると、「起きて」と言って、「外に出て遊ぼう」とせがむ。公園に行って、「帰るよ」と言っても、「帰らない」と言う。

翌日、おばさん家族と一緒に手柄山遊園のプールへ行こうという話になった。明海に「プールへ行こうか」と言ったが、「行かない」「お父さん行くから、あっ君は家におりなさい」「お父さん、行っちゃダメ」と応える。それでも、何とか説得して、プールに行った。まず、浅いプールに入ったが、陽介はお父さんにくっついて離れない。明海もお父さんのそばから離れない。おばさんが浮き輪を貸したげようと言ってくれても、明海はいらないと言う。陽介をプカプカ浮かせて、水の上を泳がせていると、明海は泣きそうな顔でお父さんを見ている。明海を泳がせていると、陽介も泣きそうな顔をしている。

一旦休憩して、同じ所にもう一度行くと、今度は波が打ち寄せられていた。明海は喜んでいる。時々波が顔にかかって、泣きそうになるが、「顔をジュッとこすって、よし大丈夫」と、言ってやると、またピチャピチャやりだしている。そのうち、どんどん波に向かおうとするので、止めねばならないほどだった。しかし、陽介はこの間もお父さんに抱きついたままだった。お父さんはついその前に、お母さんの次兄と妹から泳ぎ方を習ったばかりなので、やってみたくてたまらない。だから、2人を連れて、深い50mプールに行くことにした。

明海と陽介をプールサイドに座らせて、お父さんはスイスイと泳いだ。ちょこんと座っている2人を見て、「まあ、かわいい」と若い女の子達が集まってきた。「落ちないように、見ててくださいね」と頼んで、お父さんはまたもスイスイ。お父さんが戻ってくると、明海が泳がせてくれとせがむ。明海を泳がせている間、そばにいたお姉さんが陽介を抱いてくれた。次は陽介と交代。続いて、二人のお姉さんが、明海と陽介を泳がせてあげようとしてくれたけれど、そのとたんに二人とも泣き出した。お父さんが見ているとはいえ、知らない人ではまだ怖い。

明海は自分で靴が履ける。陽介も家の中では靴を脱ぎ、外に出る時は靴を履くことが少しわかってきたようで、靴のままどんどん部屋に上がってくることはしなくなった。しかし、まだはだしの方がよく、目を離すと、はだしで中庭を走り回っている。それでも、おつとめに行く際、陽介に靴を履かせて、明海と先に行こうとした時、陽介は玄関の所で泣いている。見ると、靴が片方脱げていた。履かせてほしかったのだ。

陽介はおつとめの最中に、火鉢の灰をいじったり、結界の中に入ろうとしたりするが、チラッと大人の方を見る。わかっているのだ。また、食堂で、部屋の片隅にあったはたきをみつけて振り回している。お父さんとしては、大したことがない限り、したいようにさせている。お父さんも食事が終わって、「さあ、帰るよ」と言うと、陽介がはたきを放って飛んできた。「陽介、あのはたき元にあった場所に戻しなさい」と言うと、そのはたきを取りに行き、元の場所に戻した。腕白だけれど、周りのことが少しずつわかってきている。

明海は一人でごはんを食べる。こぼすと自分で拾う。しかし、陽介はこぼす方が多いから、おばあちゃんが食べさせてくれる。けれども、食べさせようとしても、あっちへウロウロ、こっちへウロウロして落ち着きがない。「コレ、ようくんダメよ」と明海がたしなめている。

8月10日になって、ようやく明海もおばの娘ら（美奈、早苗）と遊べるようになった。上の美奈ちゃんはもうすぐ6歳になることもあって、明海や陽介を受け入れる準備はできており、抱いてくれたり、おもちゃを貸してくれたり、いたずらをしているとたしなめてくれたりする。生後数か月の和明くんや綾乃ちゃんが泣くと、「あっ、赤ちゃん泣いてる」と明海が言う。陽介も「赤ちゃん」と言ってかわいがろうとする。おばさん達は手荒く扱われやしないかと気が気じゃないが。

明海は機嫌のいい時はよくしゃべるが、おばさん達が「ありがとうは？」「おはよう」「ただいま」などと言わそうとしても、知らん顔をする。それでもお父さんがいるためか、11日はお菓子をもらって、「ありがとう」と言った。陽介も「ありがとう」と言うことを教えられていたが、言えない。「ありがとうは？」「ありがとうと言ってごらん」と言われることは、叱られているようなのだろうか、お菓子なんかもらわなくていい、という顔をしている。

「あっ君、ほら陽介の代わりにありがとうと言って、もらったげて」と言うと、明海が代わりに「ありがとう」と言ってくれた。陽介は嬉しそうにお菓子を受け取って、お父さんの方へ来た。お父さんが「ありがとう、と言うんだよ」と言うと、陽介はおばさん達の方を向いて、「ありがとう」と言った。「あら、言えるじゃない」とみんなが驚いた。

●おとうさん！　行っちゃダメ‼

1983年8月11日（木）

10日の夕飯が終わって、おばあちゃんが「明日、何時頃帰るの？」と聞いたので、小声で「朝早く」と答えた。明海はうつむいて聞いていた。その日は花火大会があったので、みんなで、揖保川のほとりまで花火を見に行った。「ほら、あっ君、きれいな花火よ」と言われても、明海はよそを向いている。大きな音がすると「こわい」とお父さんにくっついたままだった。陽介は途中でスヤスヤと眠ってしまった。花火を見終わって帰った後も、明海はなかなか寝ようとしない。日中プールに行って疲れているはずなのに。

おばあちゃんがいつものように背中をさすってやっても、「おとうさんは？　おとうさんは？」と聞く。午前4時頃に目が覚めた時も、「おとうさんは？　おとうさんは？」と言った。お父さんがいなくなることがわかっているのだろう。子供達が寝ているうちに、朝早く出発する予定だったが、明海の姿を見て、もう少しずらすことにした。朝づとめの太鼓が鳴り響くと、明海は起きた。「おばあちゃん」と言った後、すぐ「おとうさん」と言った。「あっ君」と呼んでやると、ほっとした表情でそばに来た。その日の朝は機嫌が良かった。

「あっ君、お願いがあるんだけど、お父さんね、お仕事に行かなきゃいけないんだ。いい子でお留守番しててくれる？　おばあちゃんもいるし、おじいちゃんもいるし、お兄ちゃんもお姉ちゃん（教会に住み込んでいる青年と女子青年）もいるでしょ。おばあちゃんはとってもやさしいね。

お父さんは働かなきゃいけないんだ。電車に乗るのにも、バスに乗るのにも、お菓子を買うのにもお金がいるんだよ。そのお金をもらうために働かないといけないんだ。お母さんから赤ちゃんが生まれたよ。だけど、まだちっちゃいからね。もうすぐしたら、お父さんとお母さんが迎えにくるからね。それまで、いい子にしててね」

「おとうさんと、おかあさんと、あっくんと、ようくんでブーブのる、新幹線のる」と無邪気に応えてくれた。その朝は何回か「お仕事いつ行くの？」と明海は聞いた。しかし、いざ出発の時になると、「お父さん、仕事だからね」「ボクも行く」「大きくなったらね」「行っちゃダメ！　行かないで！」と泣き出した。かばんを持って出かける時、「おとうさん、おとうさん！　行っちゃダメ‼」ウェーン、ウェーンと大声で泣いている。おばあちゃんに手を握られて、おばあちゃんの膝に向かって、大声で泣いていた。お父さんも涙ぐむ。ごめんね。お前達にとっては大変なことかもしれないな。1か月もお母さんから離れ、2か月もお父さんから離れ、今までほとんどそばにいなかった人達に囲まれて生活することは。

〝かわいい子には旅をさせよ〟、〝若い時の苦労は買ってでもせよ〟という諺がある。お前達にとって、貴重な体験にしてほしい。勝手なお願いだけど。

それにしても、おばあちゃんはよくめんどうをみてくれる。しもの世話から、ごはんを食べさせることまで。教会の仕事もたくさんあるのに、いたずらざかりの2人の子供のめんどうをよくみてくれる。お父さんが小さかった頃の母親と比べても、ちっとも歳をとっていないのじゃないかと思われるほど、よく働いている。母親のありがたさがしみじみわかった。

●家族そろって博多に戻る

1983年9月2日（金）

8月28日に博多に戻ってきた。明海は新幹線や積み木などのおもちゃを珍しそうにいじり、陽介はお母さんのことを「おばあちゃん」と間違って呼んだりした。

網干にいる時は、2人の世話は大変だなあと思っていたけれど、帰ってみるとそうでもない。お母さんがちゃんとやってくれているせいもあるけれど、陽介もこぼしながらも、ちゃんと食べるし、明海は自分でパンツをはいたり、脱いだりできる。

朝出かける用意をしていると、「おとうさん、いってらっしゃいする」と、子供用の椅子から乗り出して、明海が言う。そして、陽介と2人でエレベーターの所まで送ってくれる。帰ってくる時も、2人ともニコニコして、「おとうさん、おかえり」と言ってくれる。ありがとう。

愉喜子が増えて、さぞ大変かな、と心配したけれど、そうでもない。ゆっこは親思いなのか、あまりぐずらない。「イェー、ンェー」とセミが鳴くように泣き、その泣き声で、夜中に悩まされたことは未だに一度もないし、みんなが起きている間も、泣き声は気にならない。陽介が一度ゆっこの顔をひっぱたいて、大声で泣いたが、その後、陽介はそういうことはしていない。明海はゆっこが泣いていると、そばへ寄って、どうしたのかと言わんばかりに、顔をくっつけ、「ゆきちゃん、泣いてるで」と知らせてくれる。ゆっこを抱いていても、2人はやきもちを焼いたりせず、「ゆきちゃん」とか、「赤ちゃん」とか言って、かわいがってくれる。嬉しいね。

1983年9月11日（日）

昨日は仲人をして頂いた中川教授宅におじゃました。

「行ったら、『こんにちは』って挨拶するのよ」とだいぶ言い聞かせ、練習したが、着くと、やはり黙ったままで、借りてきた猫だった。そのうち、陽介がウロウロをし始め、テーブルの上の調味料をいじり、本棚から本を引っ張り出し、台所の扉を開ける。そうしているうちに2人でかけっこを始めた。ごはんはあまり食べない。明海は途中で「もう帰ろうか」と言う。おいとまする段になり、陽介がウェーと食べたものを吐き出した。帰りのバスの中では張りきっていた陽介も夜間は久しぶりにぐずった。よく叱ったせいであろうか。子供にとって、知らない家に行くのはストレスになるようだ。

今日は天神へお祝い返しを買いに出かけた。1か月余りも母親と離れていたせいであろう。お母さんが一人品物を探すために先を歩いていても、明海は泣かなかった。おとなしく、お父さんとベンチに腰かけて待っていた。

1983年9月20日（火）

キンコーンと鳴らすと、明海は「あ、おとうさんだ」とニコニコして飛び出してくる。ずいぶんお父さんを気に入ってくれるようになったものだ。先日もお母さんが子供達が眠っている間に買い物に出かけた時、目覚めてお母さんがいないのに気づいた明海はひとしきり泣いたが、お父さんが明海を抱いて、「お母さんはお買い物よ」とやさしく言うと、いつの間にか泣き止んだ。そして、「新幹線来ないね」などと機嫌よく言い始めた。

少し遅れて起きた陽介はお母さんのいないことをほとんど気にしていなかった。両親と離れて、しばらくの間暮らしたことが、彼らを強くし、両親が揃っていてくれる安心感が彼らの情緒を安定させているのかもしれない。

外に出ると、「2人、仲がいいね」とよく言われるらしい。家でも、明海は陽介にあまりいじわるをしなくなった。いじわるをすると、両親ににらまれるし、物を取り合いすると、お父さんに取り上げられてしまうということがわかってきた。両方が一つの物を使いたい時は、「順番ね」と言って、順番を守らせているので、明海は陽介がそれをいじるのをそっと見ている。それでも、明海は陽介がひっぱり出した本や積み木をすぐに自分のものにしてしまおうとする。それは欲しいからではなく、自分が優位に立ちたいかのようだ。

「あっくんもする」と、明海が炊飯器からごはんをよそっているのを見て、陽介が言った。陽介はまだ明海があっ君で、自分は陽介であることがわかっていない。

1983年9月21日（水）

今日も寝る前に大騒ぎ。「おとうさん、背中かいい（かゆい）？」と明海に聞かれて、「かいいよ。ゴシゴシして」と子供の真似をして答えた。すると、「薬ぬったげる」「ゴシゴシして、タオルで」「だめ、薬ぬったげるだけよ」と母親の口調そっくりに言った。陽介は平気でふとんに入っているお母さんを咬んだり、踏んづけたりする。「いたーい」とお母さんが痛そうにしても、陽介は知らん顔。明海は「おかあさん」と心配げに言う。2人がキャアキャアといつまでも寝ないから、電気を消すと、「まだねない」「まだねない」と陽介が騒ぎだす。

明海も陽介も「だっこ」、「だっこ」、「だっこして」と言う。僕がいる限り、明海は陽介と遊ぶより、お父さんに遊んでもらうことを望む。そして、8時過ぎに帰ってきて、食事をしようとすると、必ず膝に乗りたがる。また、陽介も「本読んで」「たいそう」とか言って、何かをしてもらうことを望む。だっこをしてもらいたがったり、親にくっついたりしたがること、これは甘えだろうか？　それとも自己保存能としての安心・安全の確認なのだろうか？　親に何かをしてもらおうとするのは依存なのだろうか？　それとも親を取り入れるひとつの成長のための行為なのだろうか？

1983年9月23日（金）（T記）

ゆきちゃんは夜はよく眠るし、起きてもおとなしく1人で遊んでいる。この頃、私が嬉しそうな顔をしてやると、それに応えるように目を細めて笑う。こんな風にして笑顔というのは作られるのかと思った。でも、生まれて間もない頃、目を閉じたままニタニタと笑顔らしい顔をすることがあった。あれは何なんだろう、ただ顔の筋肉を動かしていただけなのだろうか？

1983年9月26日（月）（T記）

23日より陽介が38度の熱を出し、26日より明海が38・2度の熱を出した。風邪だろうと思う。ひどいいたずらをする時、「病気でふうふういっていることを思えば…」って思って、いつも自分を慰める。

ゆきちゃんは泣いている時、「よしよし、おしっこかな？　おっぱいかな？」「どうしたのかな？」とか言うと、泣き声の質が変わる。訴えるような、甘えるような、早く抱いてと言わんばかりのものに。

1983年9月29日（木）

一昨日、山梨の伯父（父方）がみえた。お母さんに教えられていて、明海は朝から「今日、あっ君のおじさんが来るの」とはしゃいでいた。午後7時過ぎに来られた時も明海はニコニコして迎えた。しかし、その夜は2人ともぐずぐず言って、なかなか寝なかった。陽介はまだ寝つきは良かったが、明海は11時過ぎまで、「かゆい」「背中さすって」「おかあちゃん」と泣いた。明海が寝ついたかと思うと、2時頃から陽介がぐずぐずしだした。朝も早くから陽介がぐずぐず、明海も眠そうにぐずぐず。お母さんは愉喜子のおっぱいをやらねばならず、ほとんど眠れていない。昔を彷彿とさせてくれた。見知らぬ人が来ると、一時的にはしゃいでみても、やはり人見知りの不安のために、母にすがりたくなるのだろうか？

明海と陽介はよく物の取りあいをする。けんかをすると、叱られるので、しないだけ。そして、母や父に構ってもらうことを求める。ゆっこを可愛がっていると、明海は直接にはゆっこをいじめたりしないが、不満そうな顔をしている。また、男の子2人のうちどちらか1人を「見てごらん、えらいよ」と褒めて、優劣をつけると、優位の方は伸びるかもしれないが、劣位の方は劣等感を持ち、余計に差がつくかもしれない。それぞれの良さを認めてやらねばならない。

●壱岐出張

1983年10月10日（祝）（T記）

壱岐に来て少し落ち着いた。1か月間の壱岐出張はこれが2度目なので、要領はいくらかわかる。でも、こちらの生活に慣れた頃に帰らねばならない。

ゆっこは表情がずいぶんはっきりしてきた。顔を向けてやると、目線がすーっと動く。明海はこの頃欲求不満なのか、大きい声をあげたり、なぐったり、物を投げたりするし、〝おりこう〟

という言葉を嫌がる。でも、歯磨きは率先してするし、トイレも一人で行く。そのためか、陽介のおしっこを時に忘れてしまい、臭くなってから、替える始末だ。

今日は1時間たっぷりお父さんと山を歩いてきたらしい。二人とも5時前から寝て、起きようとしない。ゆきちゃんも寝たから、新婚気分の夕飯だった。ここでは夕方5時半というとお父さんが帰ってくる。だから夜が長く感じる。

テレビはやはりない方が子供にはいい。確かに、テレビから知ることはたくさんあるが、余分な時間がかかってしまうし、生活のペースが変わる。これまでテレビのない生活をしてきたが、ここではテレビが備え付けられているので、ついつい見てしまう。夜はやはり静けさがいい。夜空もここは星が多い。

前任の苅部先生が小さく青い熱帯魚のような魚を捕ってきて、水槽に入れてある。あんなものでも、自分達の他にもう一つ別の生命がすぐそばにいるというだけで、新鮮なものを感じさせ、気分転換にもなる。子供達も一所懸命見ている。

明海があんまり陽介をいじめると、明海を叱りたくなるが、叱っても、結局はそれ以上に悪い結果を招くだけになったりするので、どうしようかと悩んでしまう。陽介をかばうと、陽介はすぐ泣いて、父や母に抱きついてくる。向かっていってもやられてしまうので、向かっていかない。以前、公園で明海は同い年の女の子にスコップやバケツを取られて、泣いて怒ったが、取り返そうとはしなかった。陽介もそうだ。でも、梢ちゃんが三輪車を取ろうとすると、必死になって逃げ、ダメと拒否していた。陽介も色んなケースを学んで、彼らなりにどうすればいいかを考えることだろう。

1983年10月12日（水）

「おかあさん、まだあるのォ？」と明海は夕飯の支度をしている母に聞いている。その「あるのォ？」のアクセントは全く大人のものだ。そのすぐ後、「ダメ、これはごはんの時！」と叱られると、とたんに泣き出して、「キューリちょうだい、エーン」と泣いて訴える。もらえないとわかると、「アェーン、アェーン、ダッコ」と、だっこを要求する。要求を拒絶されて叱られると、その叱られた人に抱いてもらいたがる。〝You're not OK〟と言われて、〝I'm OK〟だよね、と確認しているかのようだ。

1983年11月12日（土）（T記）

明海ももう3歳になって、1週間が過ぎた。大きさは変わっているわけではないが、〝3歳〟という響きで、自分の子がえらく大きくなったように感じる。まだ、甘える時は甘え、いたずらもし、いじめもするが、ハサミを上手に使いこなし、遊び方に創造性があり、あれこれと工夫もする。陽介は明海に何でも取られてしまうし、明海のように何でもできるところまで至っていないから、すごくジレンマを感じているらしい。やはり、次男は損なのか？　でも、気のいいところもあって、こないだ明海がちりとりにひっかかって転んで泣いていたら、それを隅へしまってやっていた。自分の方がこけそうなくらいなのに、おかしかった。

ゆきちゃんはずいぶん大きくなった。首もすわったので、外へおんぶして行ける。赤ちゃんの匂いはとてもいい。特に寝起きの時はふわっとあったかで、ミルクの香りの綿を抱いているようだ。

私達夫婦も4年経って、3人の子持ち。ハイスピードだけど、とても実が詰まっているような気がする。私は子育てと家事が仕事で、私の世界は今この家が圧倒的である。外の世界もほしいと思いながら、やはり、こう引っ越しが多いと難しい。常に新鮮さがあるという意味ではおもしろいけれど。

●寝言

1983年11月13日（日）

昨日、陽介は「おとうちゃん」と寝言を言った。まだ2歳に満たない子でも夢を見ている。生まれたての赤ん坊も夢を見ているのだろうか?

ゆっこはうるさく泣いたりしないで、自分の指を吸っている。指を吸っているから、ああ、おっぱいがほしいのかなと、こちらが察してやらねばならないくらいだ。控え目な子だ。自分に注意が向けられていなくても、おとなしくしている。明海や陽介に振り回されていると、その存在を忘れてしまうことがある。だけど、かわいい娘だ。顔そのものはとてもかわいーいというほどではないが、笑うとかわいさがあふれる。

陽介も生まれた当初は目がつり上がって、プクプクしていて、どうなるかと思っていたが、最近とてもかわいいと思うようになった。だから、ゆっこも成長するにつれて、もっとかわいくなるだろう。けれども、あまりかわいくて、みんなからちやほやされ過ぎて、天狗になってもいけないから、ほどほどが良い。

珍しい物を見つけると、まず明海がそれで楽しむ。その間、陽介は知らぬ顔をしている。明海が別の物に注意を向けると、陽介がそれを取りに行く。そのとたんに明海はそれを取り返そうとする。このパターンはまだ続くのだろう。

1983年11月22日（火）（T記）

「どうしてゆきちゃんをいじめるの?」って、明海に聞いたら、「だって、お母さん、あっ君をいじめるから」と言われた。ぐっと胸に迫る。言葉でしっかりこう言われたら、二の句が継げない。困った。人に上の子達は赤ちゃんのことをいじめないのかと聞かれて、「ええ、いじめます」と答えたことがあるけれど、非常にいけない気がする。しっかり明海が聞いていて、そうしなければいけないかのように、ゆきちゃんをいじめている。今日も私がちょっと目を離すと、引きずったり、危ないと思って見ていると、わざと顔をひっぱたいたりする。難しい。

お父さんの机をいじりたいと泣きわめき、パーマの割引券をくれとせがみ、今日は明海にずいぶん泣かれた。夕方、私が食事の支度で忙しくなると、特に明海や陽介がうるさく感じるのはこちらがゆとりを持っていないせいかもしれない。すぐに腹を立ててしまう。気短では子育てはできない。陽介のおしっこも見てやらねばいけないし、愉喜子もその間に食べさせ、掃除をし、片付けをし、やるべきことをする。この頃、二人ともお昼寝をしないので、夕食を作る時がすさまじい。横へ椅子を持ってくるし、包丁をすぐつかむし、私がわめきちらしたくなるのを抑えるのに必死だ。

1983年12月5日（月）

明海は背中をさすってやりさえすれば、素直に寝るらしい。ぐずぐず言ってると、「そんなこと言うんなら、こすったげない」とお母さんが言うと、おとなしくするとのこと。二人とも最近は8時半頃に寝るようになった。「早く寝ないと、明日お父さんにいってらっしゃいできないよ」と言うのが効くらしい。朝二人揃ってエレベーターの所まで見送ってくれて、10階から自転車で走るお父さんに「いってらっしゃあーい」という元気な声が届く。

明海は昔のように、車とか本とかを大事に抱えて寝ることはなくなった。歯磨きやうがいは一人前。陽介も磨くのを以前ほど嫌がらなくなった。しかし、クチュクチュ・ペッはできず、すぐゴクンである。

愉喜子は相変わらずいい子だ。ニコニコしていることが多い。でも、昨日は明海が顔を近づけただけで泣いていた。明海や陽介にたたかれたりして、泣かされたためだろうか。

●けんかするなら2人ともにあげない

1983年12月9日（金）

明海「おいもちょうだい」
母「半分に切ったげる」
明海「イヤーン」
母「ダメ、陽君もほしいでしょ」
明海「イヤ！　イヤ！」
母「じゃあ食べなくていい」
明海「イヤーン」
母「じゃあ半分にする？」
明海「うん」

焼き芋に限らず、卵焼きを分ける時なども、より大きいもの、より良いものを明海は欲しがる。また、独り占めをしたがり、陽介の持っている物を取り上げたりする。これらは自己保存能の一つであるだろうから、単純に悪いことと決めつけることはできない。しかし、共同生活、社会生活をしていくうえでのルールを学ばせねばならない。自分が欲しいのと同じように、相手も欲しいのだということをわからせる必要がある。まだ3歳になったばかりの子供だけれど、相手を慮《おもんぱか》ることができるようになってほしいと思う。だから、「独り占めにするのならあげない」

「けんかするのなら、二人ともにあげない」と強く言う。あきらめて明海は半分で妥協した。

陽介は〝きざーみしょうがにごましおかけて、にんじんさん、ごぼうさん、あなのあいたれんこんさん〟とか、〝どうしておなかがへるのかな、けんかをするとへるのかな〟とかの歌をだいぶ覚えた。しかし、まだ、自分がしたい時に「あっ君がする」「おにいちゃんがする」と言い、名前の対象を区別できていない。明海が「あっ君がする」「おにいちゃんがする」と言っているのを聞いて、それをまねして言っているのだろうか？

陽介は時に、食器棚からお皿やお茶碗を出して、並べてくれる。「お手伝いしてくれるの？ありがとう」と言うと、嬉しそうな顔をしている。また、お父さんやお母さんがするのをまねて、愉喜子のそばで、寝たり、抱いたりする。愉喜子が泣いていて、親が「よしよし」と言いながらだっこしていると、陽介がそばに来て「ゆき子ちゃん」と、声をかける。それを見て、明海も「ゆき子ちゃん」と、声をかける。陽介がやっていておもしろそうなことや両親にかまってもらえることを明海もまねをする。お互いに刺激し合っている。

今日も明海と陽介と3人で風呂に入ったが、陽介が「船とって」と言うので、船と金魚を取ってやった。するとすかさず、明海がそれら二つを横取りした。陽介も構ってやらねばと思うので、じょうろを取って、「はい、これ」と陽介に渡した。そして、「お父さんの肩にかけて」と言って、お湯をかけてもらった。陽介が先に風呂を出た後、明海と二人で湯舟につかっていると、「お父さん、じょうろ取って。肩にかけたげる」と明海が言い、肩にかけてくれた。「ありがとう」明海が、「これ、いきの、いきの」と、ウニの佃煮の瓶を見て言った。10月に壱岐で初めて食卓に上り、おみやげにたくさんもらった。それらはみな人にあげてしまったが、12月になって、またもらった。その瓶の蓋を陽介が開けたり、閉めたりし、箸を瓶の中に突っ込んだりした。「食べないのに、ぐちゃぐちゃするのやめときなさい」とお父さんが言う。それでもしばらく続けている。

それを見かねて、明海が「ふたしときなさい。ぐちゃぐちゃにするんだから」と、取り上げた。陽介は少し嫌な顔をするが、取り返そうとはせず、すぐ、自分のごはんを食べかけた。ところが、今度は明海がその瓶の蓋をしたり、とったりし始めた。すると、陽介が「いけません」と言った。

また、先日、油山に登ったが、山道を下りてくる途中で、柿を採った。陽介はそれを食べたそうにしているが、「渋柿だから渋くて、食べられないよ。皮をむいて、干したら甘くなって、食べられるよ」と何回も説明した。それでも、陽介がかぶりついた。渋くて、吐き出したが、明海が「皮をむいて、干してから食べるんよ」と言った。子供達は親の言うこと、指示、命令などをことばどおり、自分の中に取り入れている。

1983年12月20日（火）（T記）

昨日陽介が2歳になった。しばしば明海に泣かされるし、お母さんはゆきちゃんに取られるし、真ん中は難しい。でも、それなりに大きくなり、食べこぼしも減り、ウンチもたまに言う。外では、明海より順応性があり、協調的で、よくしゃべる。私が歌を歌っていると、じっと聞いている。ぼそぼそ言いながら、そのうち覚え、一人で歌ったりしている。〝こじかのバンビ〟を歌うと、きりんのおもちゃと、〝おかあさんといっしょ〟の本を持ってきて、小鹿のページを開け、「これバンビ、バンビ」と言いながら、一緒に歌う。

愉喜ちゃんは時々上の二人に踏んだり蹴ったりされていて、すさまじい女の子になるのではないかと気がかり。やさしい女の子にしたいのに、毎日私が怒る大声を聞けば、あーだめだ。やはり私みたいなおてんば娘になるのかな。少しずつ離乳食を始めているけれど、お兄ちゃん達が横へきて、「ボクも、ボクも」とうるさい。確かに、朝お父さんにいってらっしゃいしてからは、皆私との時間。大きな存在だなと思う。

1984年1月2日（祝）

12月29日の夜、網干に帰ってきた時は、いくらおばあちゃんやおじいちゃんがやさしく声をかけてくれても、そっちの方へは行かなかった。夏にはずいぶんお世話になっていたはずなのに。また、昨日の元旦祭で、お父さんとお母さんが祭壇の上に上がってしまうと、陽介は延々と泣き続けた。おばあちゃんがいくらあやしてもだめだった。しかし、明海は泣かなかった。

去年は明海が「おかあちゃん！　おかあちゃん！」と、姿が見えなくなるとすぐ泣き出していたが、それを陽介がやっている。明海ももちろん、両親の顔が見えなくなると泣くが、陽介が泣き止まないと、「くらへ入れるよ！」と、自分が言われてきたことを言う。網干には蔵がある。中は真っ暗で、重い戸を閉められると、子供の力では開けることができない。去年の夏には明海も陽介も何回か入れられたらしい。なお、聞くところによると、どちらかが入れられると、もう一方が、「出してやって！　出してやって！」と泣いて懇願したとのことだ。

1984年1月9日（月）

明海と陽介の身長も体重も、しゃべることばもやることも、二人の差はあまりなくなってきた。違うことといえば、陽介はまだおむつをしていることぐらいだろう。もちろん、これは言い過ぎで、細かい点を取り上げれば、違いはもっとたくさんある。明海の体格がやや小さいことと、陽介の言語能力が年齢にすれば、よく発達していることが、二人の違いを目立たなくさせている。陽介は明海と同じことをまねていれば、それだけ成長が促されることになるが、その逆は成り立たない。二人を同じように扱うことは大切だろうけれど、明海を〝お兄ちゃん〟として、扱ってやることも、同様に大切かもしれない。

陽介は何度訂正しても、自分のことを「あっ君」「おにいちゃん」と思っている。その度に、「ボクの名前は？」と聞いてやる。今日は、彼は「さんさい」と答えた。「名前は？って聞いているんだよ」と言うと、「にさい」と答えた。もう一度、「名前は？って聞いてるの」と言うと、ようやく「ようすけ」と答えた。「そう、ようすけ。ボクはようくんだね」と、教えた。他のことは覚えられるのに、自分は「あっ君」ではなく、「ようくん」であることがなかなか理解できない。今日、「さんさい」と答えたのは、明海に「あっ君、ボクいくつ？」と聞いて、「さんさい」とうまく答えられるように、教えていた場面を覚えていたからだろうか。

陽介は朝起きて、すぐトイレに連れて行くと、ちゃんとおしっこができる。しかし、そうさせられるのをとても嫌がる。けれども、し終わると、寝ているお父さんの所へ来て、「くさくないよ」と、ニコニコして言う。いつも、「くさい、くさい」とお父さんが言うせいだ。それなら、もう少しちゃんと「おしっこ」「うんこ」と言えばいいのにね。

愉喜子は相変わらずおとなしいが、時々、抱いてもらうまで泣いていたりする。座らせると、ヨロヨロはしているが、だいぶしっかりしてきた。「バウ、バウ」とよく声を出す。この前は「おぐぅあぅちゃん」と聞こえるような声を出した。こちらが笑うと、笑い返してくれる。「いない・いない・ばぁっ！」が少しわかりかけてきたかな。

土曜日と日曜日はひねもす子供達とお付き合いだ。それ以外は何もできない。机に向かって座っていても、子供達が入ってくる。妻子を放って出かけるのも気が引ける。独身の時とはずいぶん生活が違う。早く手がかからなくなればなぁと思う。だけど、この中には僕自身の怠慢があり、何かをしていないと落ち着かない性格もある。職場と家庭の往復という日常性を打破したいと考えながら、妻子を抜きにした生活など考えられなくなっている。

1984年1月13日（金）（T記）

1週間前に明海が風邪をひき、それが、陽介から私へ、そして、とうとうゆきちゃんもガラガラ声になってしまった。毎日とてもきつかった。頭が痛くなったり、イライラしたりして、明海と陽介をよく怒ってしまった。陽介は相変わらずよくいたずらをするし、明海は陽介が持つものを取ったり、独り占めをしたりする。それらを制するのに必死で、ついつい大声で「ダメよ‼」

を連発してしまう。あんまり怒るといい影響を与えないから、気を付けようと思うのだけれど。

昨日は寒さの中でも、日中風もなく、穏やかだったので、ゴミを捨てに行ったついでに、滑り台のところで遊んだ。二人はよく遊ぶ。明海がプラスティックの板をスコップ代わりにして山を作り出すと、陽介もそばの紙の箱で砂を運んでみたりして、とても楽しそうだった。だいぶ遊んできたので、昼寝をするかと期待していたのに、あくびばっかりで、眠るまでには至らない。片方が眠りそうになっても、もう一方が起こしてしまう。体調の悪い時以外はもう昼寝をしそうにない。2時間くらい昼寝をしてくれたら、すごく楽なのになぁ。

でも、網干のお母さんのあの動き方に比べれば、私なんか気楽なもんだと思った。朝早く起きて、自分が教会長をしている分教会へ行き、戻ってくると、大教会の朝ごはんの支度をし、〝朝勤め〟に出て、食事の後片付け、それが終われば、洗濯、昼の用意、風呂焚き（五右衛門風呂を使っている）など、など。

人間はやるべきことがあって、あっという間に時間が経ってしまうのは幸せなことなんじゃないかと思ったりする。要するに、存在理由があるということだから。しかし、たまには息抜きもほしい。夜は好きなことができるけれど、一人で出歩いてみたい。昔、さんざん一人で出歩いたけどなぁ。まあいいや、何とかかんとか、結構外へも出かけているし、元気でいさえすれば、私も子供達も。

1984年1月20日（金）（T記）

昨日は雪が2～3㎝積もったけれど、今日はぽかぽか陽気で、昼から買い物に出かけた。叔母のところに寄ったり、休憩したりしたけれど、私は疲れた。ゆきちゃんの体重は増え、おんぶも少々疲れる。でも、おとなしくしていてくれるし、お兄ちゃん達が「いない・いない・ばぁっ！」をすると、大きな声を出してよく笑ったりするから、その点は楽。

今日は明海と陽介におもちゃを買ってやった。特別‼ 帰りのバスの中で、二人とも眠ってしまって、降りる時、必死に明海を起こしていたら5棟の方が、陽介を抱いてくれた。困ったなと思ったら、いつも誰かが手助けをしてくださる。とても嬉しかった。

1984年1月25日（水）

「今日はね、あっ君偉かったのよぉ。ちゃんとお留守番してくれたのよぉ」とお母さんが教えてくれた。「そぉ？　お留守番できたの？　偉いねぇ」と褒めてやると、明海はニコニコしている。お父さんが夕食を食べている時も、頬杖をついたりして、いっちょ前に色々しゃべってくれる。「ぼく、保育園に行くの」「そぉ？　一人で行くの？『いってきまぁす』って行くんだね」「学校へ行くの」「ふーん。学校には先生がいるよ。『じゃあ、おべんきょしましょう』『うたを歌いましょう』『絵を描きましょう』と言われるよ」「うん。絵かくの。字かくの。勉強する」とニコニコして話をする。

明海も少しずつ大人になっていく。時々、ぐずぐずと甘えたり、だだをこねたり、独り占めをしたりするようなところもあるけれど、着実にしっかりしてきている。陽介も泣いたり、いたずらをしたり、聞き分けがなかったりすることもあるけれど、長い目で見てやろう。いちいち目くじらを立てて、叱るまいと思う。ちゃんとしっかりしている部分もあるのだから。心療内科の患者さんの治療と同じだ。手のかかる時やいらいらする時があっても、良い面に注目していれば、精神的に伸びていく。

子育ては勉強になる。それに、うまく育っている面を見ると、嬉しくなるし、楽しくなる。

1984年1月27日（金）（T記）

私が野菜を片付けていると、明海が「お供えし」と言う。この家には神棚はないのだけれど、カラーボックスの上に白菜をちょんとのっけて、パチパチと柏手をうち、お供えをしてくれる。暮れにお父さんと御神饌の用意をしたり、おつとめの時に「あれは神様にどうぞってしてあるのよ」と教えたりしたことをしっかり覚えているのかな。それにしてもかわいい。

明海とゆきちゃんはお父さんと一緒に風呂に入り、その後、陽介が私と一緒に入った。一人で嬉しそうに、私にぴったりくっついて、おかしかった。でも、陽介が今一番感受性が強く、甘えたがっているのを感じるので、なるべく甘えさせてやりたいと思う。

1984年2月9日（木）（T記）

8時半、みんな寝た。ゆきちゃんは飲み足りなかったのか、今日はよく泣いた。それでも、お兄ちゃん達がそばでキャッキャッと遊ぶと、それを見て笑っている。3人兄弟という感じが出てきた。でも、明海が絵本を独り占めにしようとするのと、陽介が絵本を破るのには閉口した。

陽介は左ぎっちょみたい。鉛筆も今に直るかと頑張ってみるけどだめで、ハサミに至っては完全に左。もうだめかな。もういい。

1984年2月20日（月）（T記）

昨日、今日ととてもいい天気で、外はとても暖かかった。昨日は香椎宮へ行った。電車に乗って、ちょっとした小旅行だ。博多はすぐそばに海があり、山がある。都会的だけれど、ちょっと行けばすぐひなびた所があり、気分を変えるのにいい。子供を3人も連れて歩いていると、人情をすごく感じる。こちらを見る顔つきでわかる。中には「うわぁ、大変そう」とまじまじと見る人もいるけれど、たいていは笑いかけてくれる。そして、次は「今が一番大変ねぇ」とおっしゃる。

今日は3年前に住んでいた港の方へ行ってみた。商店街は相変わらずだが、少しずつきれいになっていたり、新しい店ができたり、新しいマンションが建っていたり、とても懐かしかった。よく行ったたこ焼き屋さんへ3人を連れて入った。お店の人も私の顔を覚えていらっしゃったみたいで、久しぶりの雰囲気だった。

天理に帰ったら、博多が懐かしくなるだろうと思う。

●陽介の粘り勝ち

1984年2月21日（火）

一昨日、香椎まで行った帰り道、九大本学の構内を通った。しばらくすると、陽介は「だっこ！」と言い出した。「ほら、歩いてごらん」と言っても、「だっこ、だっこ」と地にはいつくばったまま、泣き続けた。明海やお母さんとゆっくり歩いて、「ほら、おいで」と言っても、大声で「だっこ！」と泣き続けた。明海がお父さんに「だいてやり」と言う。自分を彼の中に投影し、放っておかれるのを見ておれなかったのかもしれない。

「あっ君、連れてきてやって」と言うと、陽介のところまで行って、抱き上げようとした。しかし、動かない。延々20～30分は泣き続けただろうか。根比べだ。少し近づいて、「ここまでおいで」と言ってもだめで、もう少し近づいて、「ここまでおいで」と言った。それでもだめで、とうとうお母さんが迎えに行かざるを得なかった。お母さんはゆきちゃんをおぶっているので、お父さんが陽介を抱く。すると、明海も「だっこ！」。しょうがない。2人ともだっこだ。陽介はだっこすると、すぐに泣き止んだ。明海はとてもニコニコして、お母さんの背におぶられている愉喜子に「ゆきちゃん」「ゆきちゃん」と声をかけている。明海も抱かれたことと同時に、問題が解決したことが嬉しかったのだろう。

それにしても、陽介は這い上がろうともせず、道に伏せたまま、延々泣き続け、要求を貫徹したが、この経験は今後どのように影響するのだろうか。明海なら、近寄って、「ここまでおいで」と言うと、泣きながらやってきただろう。それとも、しっかり歩けるように鍛えているつもりだが、大人では何でもない距離が2歳ちょっとの子供にとっては、とてもきつかったのだろうか。

●おちんちんがある

1984年3月3日（土）

一緒にお風呂に入ろうと服を脱ぐと、明海が「おちんちん」と言う。「そうだよ。お父さんにはおちんちんがある。あっ君はあるか？」。明海は自分のおちんちんを見せて、「あるよ」と言う。「オ、あるな」「陽君はどうだ？」。陽介も見せる。「オ、あるな」「お父さんは男だから、おちんちんがあるんだ。あっ君も陽君も男だからおちんちんがある」「お母さんにはおちんちんがあるか？」「ない」「ないな」「ゆきちゃんはどうだ？」「ない」「そう、ゆきちゃんもない」「ゆきちゃんもお母さんも女だからない」「あっ君と陽君は男だから、大きくなったらお父さんみたいになる。ゆきちゃんは女だからお母さんになるんだ」。2人はふーんというように聞いている。明海は「お父さん、おっぱいないね」「そうだ、お父さんは男だからおっぱいがない。ゆきちゃんは女だけど、まだ小さいからない。大きくなったら、大きくなる」

その夜、いつものようにお母さんが歯磨きの仕上げをしてやろうとすると、明海は「お父さんにしてもらう」と言った。お父さんに親近感を持ったのか？

愉喜子はお湯を頭からジャブンとかけても泣かない。頭をゴシゴシやっても、少々手荒に洗っても泣かない。大したものだ。３番目だし、育て方や環境が違うとはいえ、明海がちょっとお湯が顔にかかっただけでも泣いたりしていたことを思うと、単に育て方や環境の違いだけではなく、個体差が大きいと思う。愉喜子はあまり泣かないから、少々のことは放っておける。親の育て方も子供に合わせて、変わってくる。

１９８４年３月11日（日）

愉喜子がほんの１週間ほど前まで、十分におすわりができなかった。すでに7か月になるのに、寝返りも、ハイハイもおすわりもできず、立たそうとしても、足をつっぱらない。どこか神経系統が悪いのではないか、とてもおとなしいのも、元気がないせいではないかと心配した。その後、一生懸命練習したかいがあって、少しの間なら何とか座れるようになった。

世の中にはもっと重い病気の子がいるし、子供が授からない人達がいることを思えば、３人もいるだけありがたいことだ。しかも、みんな元気で、うるさいこともあるけれど、ニコニコと近寄ってくるし、けんかもするけれど、やさしいところもあって、とてもかわいい。

先日は飴が３つだけあって、お母さんの分だけなかったら、明海が半分あげようとした。

●陽介の喘息様気管支炎

1984年3月13日（火）

昨日の朝から陽介がコンコンしていると思ったら、その夜はずっとヒーヒーと喘いでいた。そして、「だっこ、だっこ」とか「おかあちゃん、おかあちゃん」とか泣きながら言う。しかし、いくら抱いても、すぐに体をそらし、背中をさすってやっても、落ち着かず、足をけとばしたり、寝返りをしたりする。そのくせ、愉喜子が泣くと「ゆきちゃん泣いてる」と指摘し、「水飲む？」と聞くと、「のまない」と答える。赤ちゃんがえりをしているようでいて、周囲のことをわかってはいるし、自分の意志を伝えられる。

明け方になって、少し眠ったが、みんなが起きる頃にはまた、泣きながらの「おかあちゃん、だっこ、だっこ」が繰り返された。夜になって、仕事から帰ってきた時も、まだヒーヒーは続いていた。しかし、活発に動き、「本読んで」とか「バスかいて」とか言い、食事中も「お父さん、これ食べ」とお節介してくれる。ヒーヒーと体はしんどいはずなのに、内なるエネルギーはあふれている。

1984年3月31日（土）（T記）

27日も陽介がコンコン咳をし、次の日も一日咳が続いた。食欲もあまりなく、水もあまり飲まず、心配したが、28日の夕方になって、咳も少しましになり、食欲も出てきた。

3人を育てるのは大変だ。ただ食べさせ、おしっこやうんちの世話だけでも大変なのに、家事をし、そのうえ、兄弟げんかの仲裁をし、精神面の注意をしないといけない。こんな子にしよう、あんな子にしようなどと考えるゆとりもなく、ただ忙しいばかりだ。明海は陽介の持つ物を取りあげ、陽介はかまってほしくて、私に洗濯をするなと言い、その度に2人でだっこ、だっこと言う。だっこしないと、泣き出し、陽介はコンコンと咳をし始める。

今日、明海と陽介が「おかあちゃんのバカ」と言って、私の頭をたたいた。〝子は親の鏡〟と言われるが、明海や陽介がよくたたくようになったのは、私が彼らのおしりや手をたたくからかもしれない。やはり、たたくのはどんな時でもだめなのだろうか。

●中国への旅

1984年4月20日（金）

4月末で九州大学病院を退職し、5月から天理よろづ相談所病院に勤務することになった。九州大学での勤務は4月19日で終え、天理病院の方はゴールデンウイーク明けに勤務を始めることにさせてもらい、その間の10日間、中国を旅行する。

中国はまだ閉鎖的で、1972年に日中の国交が回復したとはいえ、日本から直接中国に入国することはできず、一旦、香港に行き、そこでビザを取得して、香港から中国に入らなければならない。また、外国人が旅行できる地域は限られ、外国人が宿泊できるホテルも限られている。

成田から香港までのチケットだけを持ち、あとの移動の手段や宿などはすべて現地で何とかする予定だ。ただ入国の手続きと帰りの飛行機のチケット（上海から長崎まで）の手配は香港のツアー会社でしてもらう手筈を整えている。

3人の子供を連れて行くのは相当困難なので、まだ生後8か月の愉喜子は網干のおばあちゃんにめんどうをみてもらうことにし、家族4人で出かける。

1984年4月22日（日）

東京を出発する予定の時刻は17時5分だったが、実際に離陸したのは18時40分だった。これでは香港に到着するのが、夜の11時になる。香港の旅行社の人がちゃんと迎えに来てくれるのだろうか？　ちゃんと帰りのチケットはもらえるだろうか？　中国へ入れるのだろうか？　中国に入れば、ホテルは見つかるだろうか？　広州から南京への飛行機のチケットは買えるだろうか？　無事に帰れるだろうか？

旅は今日から始まったばかりだというのに、帰ってきた時のように疲れている。疲れている理由は先々の心配だけではない。2人の男の子達に手が焼けるからだ。特に、陽介のいたずらには全く閉口する。片時もじっと落ち着いていない。「いい加減にしないと、置いとくよ！」「もう連れてこないから！」「やめなさい！」と、いつも怒り散らしておかねばならない。

でも、考えてみれば、陽介だって、明海だっていい迷惑だ。僕達が楽しみたいばっかりに、無理矢理連れて来られているわけだから。彼らは別に中国へなど行きたいとはなから思っていない。扉を開けたり、閉めたり、あちこちうろうろしたりする自由が彼らにもあるはずだ。僕達が好きなことをしたいように、彼らもそれぞれ自分の好きなことをしたいだろう。彼らのおかげで、楽しませてもらっているし、勉強もさせてもらっている。自分達の都合どおりに、子供達を振舞わそうなんて、それは虫が良すぎるというものだ。彼らと一緒にいることを楽しめばよい。とは言うものの、やっぱり疲れた。

1984年4月24日（火）

香港の旅行社の人は子供も大人と同じ額が必要だから、と契約した以上のお金を請求してきて、ちょっともめた。けれども、無事に中国に入れ、帰りのチケットももらえた。しかし、広州では、ホテルを一軒一軒回り、「部屋はありませんか？」と尋ねても、「メイヨ（ない）」「メイヨ」と言われ続け、「どこか泊まれる所知りませんか？」と尋ねて、ようやく〝外人招待所〟なるところを教えてもらって、泊まることができた。

九州大学心療内科で学んだことのひとつに〝今、ここ（Here and Now）〟というのがある。過去のことにとらわれたり、先のことを心配したりしないで、今、ここにいることを大切にしなさい、ということである。けれども、今、はらはらしながら、ここまでやってきて、これから先、うまくやっていけるかを心配している。その合間は子供に気をとられている。とても〝今、ここ〟に生きていることを喜び、旅をしていることを楽しむという余裕はない。

1984年4月28日（土）

蘇州から川を下る夜行の船に乗って、杭州に着いたのが朝の5時半。そこから華僑飯店（ホテル）にたどり着くのに1時間半かかった。何とか1回で部屋を取れたのはラッキーなうち。それから、明日の上海行きの列車の切符を買って、戻ってくると、すでに12時を過ぎていた。駅ではもう大変だった。切符を買おうとする人達が長い行列を作って、押し合いへし合いだった。

1984年5月1日（火）

今、佐世保から博多へ向かう車中である。中国の旅は終わった。子供の世話と、寝る場所を確保することと、移動のための切符を買うことにかなりの時間とエネルギーを使った。だけど、みんな何とかなった。子供は家内がみていて、僕がホテルと切符を手配する。聞きわけのない2人の子を抱えて、1時間から2時間も待つのは大変だっただろう。中国人に珍しがられて、大勢の人達に取り囲まれていたようだった。

今、明海と陽介が車中ではしゃぎまわっている。中国では言葉が理解できず、慣れない世界であったため、はしゃぎまわることがなかった。そして、「だっこ、だっこ」とよく言い、親から離れようとはしなかった。上海の空港で、日本語が聞こえると、やにわに元気になっていた。

また、出かける前、陽介はおむつをしていた。紙おむつをバッグの中にたくさん入れていたが、途中から全く使う必要がなくなった。彼にとってもある種の緊張があったのだろう。ついでながら、余った紙おむつは捨てるのがもったいなくて、現地の人にもらってもらった。中国には使い捨てのおむつなるものは存在していそうにないから、使ってもらえるかどうかわからない。小さな子供はおしりに縦のスリットが入っている（男の前あきのように）ズボンをはいていた。しゃがむとちょうどお尻が出るようになっていて、道端で用を足しているのをよく見かけた。

この旅行では、中国を体験したこと、２人で経験を分かち合ったことが収穫だった。南京から蘇州に向かう列車の途中の駅で売っていた粽《ちまき》と、蘇州から杭州に向かう船着き場で食べた草餅の味が忘れられない。

●博多から天理へ

1984年5月17日（木）（T記）

天理へ引っ越してきて10日あまりが経った。明海と陽介は先週末、熱を出したり、咳をしたり、口内炎ができたりして調子が悪かったけれど、今週に入って元気になった。一昨日も兄家族の住む天理市南六条まで歩いて行った。1時間50分くらいかかったが、途中アイスを食べたり、お花をつんだりしながら、２人ともよく歩いてくれた。

ゆきちゃんは昨日から這うようになった。バイバイと私がすると、時折まねをしている。よく笑っていい子だ。明海と陽介は車に乗せてもらうと、前に乗りたがり、もう必死になって運転するのを見ている。うちには車がないから、興味津々なのだろう。

新しい家（おやさと19号館、5階建ての医師住宅）は広くて快適だ。ベランダも北と南にあって、日当たりも風通しもよい。北側は駐車場と公園になっており、子供達は幼稚園バスが来ると、ベランダに座ってじっと見ている。

10日間の中国旅行。子供をあやしながら、何とか無事に旅をこなした感じだ。憲二郎さんがいない時、私と子供2人はいつも人々の注目の的だった。黒山のひとだかりが私達を囲み、悲しくなるくらいの視線を浴びた。中国では子供1人しか産めない。だから、2人連れていると、あなたの子か、双子か、とよく聞かれた。3人も子供を持っているなんて、言えないくらいの雰囲気だった。

戸惑うことが多かったけれど、いつも誰かが助けてくれた。暖かい人の心はどこでも同じだと思った。

●ごめんなさいは？

1984年6月4日（月）

お母さんの話によると、今日、山田さんちの子がカラーボックスから飛び降りようとして、それを壊した。お母さんが「ごめんなさいは？」と言ったけど、何も言わずに帰ってしまったとのこと。壊れてしまったのは仕方ないし、故意にしたわけでもない。だけど、自分の犯した失敗、過ちに対しては、素直にあやまるべきである。これがもし明海か陽介なら、無理にでもあやまらせに行かねばならない。僕自身が子供なら、隠しておきたいことかもしれないけれど、自分のしたことに対する責任はきちんと取らねばならない。

明海と陽介はベランダからおもちゃを落とす。それを取りに行っておいでと言っても、行こうとせず、「お母さん、一緒に行こう」「手をつないで」と言うらしい。このことに関しても同じだ。きちんと自分でさせないといけないが、お母さんはそれができないと言う。明海がまた泣き出すかららしい。明海は毎日泣く。外で遊んでいて、陽介がおしっこか何かで家に戻ろうとすると、明海は「行かないで！」と泣き出し、泣きながらついてくる。

子供達3人、それぞれに対し、同じ気持ちで育てよう、接しようとしているのだが、どうも性格の違いがあり、その差が親子の相互作用と相まって強調されているようだ。手がかかるなぁ、と不快になり、その不快な感情を子供が敏感に感じ取って、愛情を得ようと余計に甘えるということになる。

先日、明海は自分の思い通りにならなかったため、何の罪もない陽介を蹴飛ばした。それで陽介が倒れ、タンスの角で頭をぶつけた。それを見ていたので、謝らせようとした。最初、明海は笑った。「笑ってすむことじゃないでしょ！」と真剣な顔をした。すると、明海は泣き出し、お母さんの所へ行った。「泣いてすむことじゃない。ちゃんとあやまりなさい！」「ごめんなさいって言いなさい」と言っても泣き続ける。「今から10数えるから、それまでにごめんなさいと言わなければ、外へ連れて行く」。その言葉にもかかわらず、10数えてもごめんなさいと言わないので、実力行使に入った。明海を抱えて、戸の外に出そうとした時、初めて、泣きながら「ごめんなさいする」と言った。

1984年6月10日（日）

昨日2人を連れて、前の公園へ遊びに行った。明海が「お父さんの膝に乗ってブランコをしたい」と言うので、そのようにした。当然、それを見て陽介もしたいと言う。「順番ね」と待たせるのだが、待てなくて、危ないのがわからず、ブランコに近づいてくる。その点、明海は陽介の番の時は、「次、あっ君ね」と言って、ちゃんと待てる。この辺の聞き分けはよい。

しかし、今、夜の10時10分前だというのに、「おかあちゃん」と泣いている。お母さんは今お風呂に入っているところだと言っても、泣き止まず、しばらく泣き続け、その後、「ぼくも入る」と泣きながら、風呂場に行った。昨日も早く寝た明海がお母さんと陽介が風呂に入っている時間に目が覚めて、泣き出した。

明海が甘えん坊であるということは、まだ彼が十分に甘えが満たされていない（彼の欲求水準に比して）からであり、それを十分に満たしてやれば、自然に親の手から離れる、という仮説が成り立つ。それを了解できても、やはり、長男としてしっかりしてほしいと期待してしまう。

お母さんが愉喜子を今まで陽介が座っていた子供用の椅子に座らせる。子供用の椅子は2つあって、もう1つは明海が座る。明海は席をゆずろうとはしない。陽介は自分の椅子が取られても、意に介さないで、大人用の椅子に正座をして食事をしている。本当は自分が座っていたところなのだし、愉喜子に座らせようとすると、泣いて怒りたいのかもしれない。明海におもちゃを取り上げられても、知らん顔をし、別の本などに手を出し、明海がそのおもちゃを手放すとそれをすぐ取ろうとするが、それと同じように、平和的な適応力を身につけているのかもしれない。

ところが、陽介は勝手に隣の家に入っていく。防災のために、ベランダには隣の家と行き来できるようにドアがある。非常事態でなければ、開けたり閉めたりするものではないのだが、陽介にはそんな大人の常識は通じない。それだけならまだしも、お隣りの先生が誰が入ってきたのだろうと見た時、陽介は「お前だれ？」「お前どこから来たの？」と指さして言ったそうだ。失礼なことをしたうえに、何という失礼な言い方をするのだと平謝りだった。

「お前」という言い方については、僕自身が反省をしなくてはいけない。「お前らちゃんとしなさい」とか「お前らはだしでどこへ行ってたんや」と叱ったりしていた。そんな言い方はもうやめよう。

1984年7月4日（水）

今朝ゆっこが玄関まで這って見送りに来て、ちょこんと座って、陽介と一緒に手をふった。帰ってきても、明海や陽介と一緒に迎えてくれる。ようやくつかまり立ちはできるようになったところだ。

先週の木曜の夜、お母さんが書道の練習に出かけた。ゆっこは延々30分から1時間くらい泣き続けた。抱いても、おぶっても、ステレオも見せてもだめだった。あきらめて放っておいたら、泣き寝入りした。

以前ゆっこは頭に風呂で水をかけても泣かなかったが、最近は泣く。今日は水道の水を流してやると喜んでいたので、それを見せながら、頭から水をじゃぶん。少し泣いたが、そのまま頭をザクザク洗った。

明海は散髪をしてやろうと言うと、ちゃんと首にカバーをかけて、おとなしく頭を下げ、目をつぶったりした。「いい子だね」と褒めた。それを見て、陽介もしてもらいたがった。明海が終わった後、陽介もちゃんとおとなしく座った。明海ほど長続きせず、途中からぐずぐずしだしたが、それでも一応終わった。2人ともだんだん大きくなってきた。

〝自転車に4人乗りする子だくさん〟という川柳があるが、お母さんはゆっこをおぶって、明海と陽介を前後に座らせて、自転車に乗る。事故を起こさないでほしい。お母さんも随分気を遣うそうだ。2週間前の日曜日にはぼくが上の子2人を自転車に乗せて、田原本のジャスコまで買い物に行った。2人ともちゃんと乗っていた。

明海は「ぼくも勉強する」とか、言うらしい。お父さんをまねして、よく勉強する子になってくれると嬉しい。

陽介はここ数日続けて、僕が帰ってくると、「お父さん、さみしかった?」と聞く。6月22日から25日まで、お父さんを残して、みな網干へ行った。帰る段になり、子供達が「もっとおろう」と言った時、お母さんが「お父さんがさみしがってるから帰ろう」と言ったらしい。それを聞いて、彼らが帰ってきた日、明海が「お父さん、さみしかった?」と数回聞いた。その度に、「さみしかったよ」と答えていた。今日もきちんと散髪ができた後、陽介が「お父さん、うれしい?」と聞いた。どうも親の気持ちを確認したがる。

1984年9月4日（火）

先日、愉喜子がふすまの破れにはった紙をはがそうとしていたので、叱った。今日もその紙をさわろうとするが、お父さんの顔色をうかがっている。うかがいながらも、はがそうとさわるので、「メッよ」と言って、親指で軽くほほをつねる。愉喜子はうつ向いて、怒られた時の困った顔をする。

僕が帰ってくると、にこにこして、「おどっちゃ」と言って、這ってくる。あまり、泣いたり、ぐずったりせず、にこにこしているせいか、女の子のせいか、明海や陽介とは違うかわいさがある。大きくなって、お嫁に行くようになったら、世間の父親のように、やっぱり悲しくなるのだろうか？

1984年9月6日（木）

愉喜子は指しゃぶりをやめない。右の人差し指は腫れて、潰瘍ができている。眠っている時もチューチューと音を立てて、吸っている。指を引っぱり出そうとしても、相当の力でないと引っぱり出せない。引っぱり出しても、すぐまた突っ込む。何度も引っぱり出すと泣き出す。したいようにさせてやるのがいいかなぁ。

1984年9月26日（水）

先日、陽介の頭をおさえつけて、頭から水をジャブンとかけて、頭を洗った。陽介は泣いて嫌がった。そうでもしないと、頭が洗えないからだが、そんなに無理矢理にして大丈夫だろうか、先になって、水を恐れるようになったり、ますます頭を洗うのを嫌ったりしはしないだろうかという不安がある。今までも、時々、無理矢理水につけたり、歯をみがいたりしてきた。しかし、去年はとても水を嫌っていたのに、今年は何回も泳ぎに行ったせいもあろう、頭から水をかぶっても、「ぼく泣かなかったよ」と言えるようになった。嫌がる歯みがきも、時々は自分でするようになった。無理矢理することの不安を持ちながらも、ほっとしている。

英語の絵本を買ってきた。英語のままで意味を理解させたいので、そのまま英語で読む。陽介はわからない。だから、おもしろくない。本をポッと放ったり、別の本を持ってきたり、嫌がらせをしたりしていた。そういう時、「陽くんは英語嫌いなんだね」と言ったりしていた。そう言われて、嫌だったんだろうか、最近は「ぼく英語好き」と言いながら、その本を読んでくれと持ってきたりする。嫌がることでも、いいと思うことはやらせていいのだろうか。

●天理幼稚園の運動会

1984年10月20日(土)(T記)

10月7日、天理幼稚園の運動会に行ってきた。その日の朝、明海は喉が痛いと言い、熱が少しあるかもしれないと思ったけれど、元気そうなので、私が楽しみにしていたこともあって、連れて行った。幼稚園は広くて、遊ぶものがたくさんあって、喜んだ。けれども、いざ出る番になった時、よそのお母さんについてどこかへ行ってしまって、泣きわめいた。そのまま泣きっぱなしで、走らせようとしても、「歩く、歩く」と言ってきかない。バケツをもらう時だけ泣き止んだ。

陽介はやはりものおじしなかった。兄がさせられること、していることを見ていればいいわけだから、気分的に楽なのだろうが、進んでお人形を取ろうとした。バケツ（翌年入園予定の子だけがもらえる）をほしがって困ったが。

愉喜子はこの頃、私から離れるとすごく泣く。また、これがほしい、これはいや、こうしてほしい、こうしたい、もっとほしい、などの意思表示がはっきりしてきた。それに、まだ4〜5歩しか歩けないのに、外へ行きたがり、「かーか、かーか」と私のことを呼んだり、服を着せる時、手足を上手に動かしてくれたり、歯も自分でみがこうとして、歯ブラシをかんだりする。私の膝の上にお兄ちゃんが座ったりすると、嫌がって泣いたり、おしのけようとしたりする。お豆が大好きでミックスベジタブルをあげれば、あるだけ食べている。

陽介はおねしょは全くしないのに、日中はパンツを少し濡らしたりする。非常に私に手をかけてもらいたがっているのを感じる。すごく怒ってみるけど、だめなので、やはりここは甘えさせてやるべきなのだろうと思う。おだててやるとすぐ動く時もある。

4人目は明海と陽介がもう少し自立できた頃でないとかわいそうだとお父さんが言う。

1984年10月29日（月）

陽介は「いただきますは？」とお父さんに注意してくれる。「すいません。いただきます」と大きな声で言うと、にっこりする。また、明海と陽介のかけ合いの中で、陽介が明海に「ちゃんとしないと連れて行ったげないよ！」と言った。その言い方が親の言い方にそっくりだ。さらに、愉喜子がリンゴを2つ取ろうとすると、「ダメねぇ」と言って、1つ取り上げる。「こら、どんどんするな！」と叱ると、「どんどんしたら、ダメねぇ」と自分で言ったりする。明海も「おまえたちー」とお父さんの言い方をまねて時々言っている。陽介は「オレがする」のように、オレ、オレと言う。これは近所の子供達のまねだ。

一昨日、陽介が引き出しを引っぱろうとして、上にあったラジオやタイムスイッチを落として壊した。お母さんが「ごめんなさいは？」と言うと、「ごめんなさい」と言った。明海が陽介をいじめて、「ごめんなさいと言いなさい！」と叱られるのを見てきたせいか、陽介は素直に「ごめんなさい」と言う。あやまられるとそれ以上叱れない。

「ボクが一番」と明海は風呂に入る時に服を脱いだり、風呂上がりにねまきを着たりする時にしばしば言う。これは「誰が一番速いかな？」と競争させているせいだ。また、何かのことで「陽くんはいい子だね」と言うと、明海は関係がないのに、「あっ君は？」と聞く。「あっ君もいい子だよ」と言ってやる。親の承認を求めている。

朝の食事の時など、お母さんがお父さんに話しかける。その時、明海も何か言おうとする。お母さんの話を聞きながら、明海のことばにも耳を傾ける。仕事から帰ってくると、3人の子供達が元気に迎えてくれる。その時、明海と陽介が同時にしゃべり出すことがあるが、2人の言うことをそれぞれ聞いてやる。そのせいか、みんなよくしゃべる。とても結構。聞いてやる分だけ、子供達も親の言うことを聞いてくれているようだ。

昨日、5人で談山神社に行った。「帰り、ボク前ね」と明海は帰りに自転車の前に乗ることを希望して、行きは陽介に譲った。天理駅まで自転車で行き、天理駅から桜井駅までJRに乗り、それから30分余りバスに乗った。バスは満員で立たねばならなかった。陽介は座っていた人の膝に座らせてもらったけれど、しばらくすると下りた。バスの床にじかに座ったりもしたが、2人とも立ったままでもぐずぐず言わなかった。

目的地に着いた後、見晴らしのいい所でお弁当を食べた。2人を連れて散歩に行く時は2人ともいそいそと付いてくる。そのくせ、じゃあみんなで移動しようとし始めると、すぐに陽介は地べたに座り込み、「だっこ」と言い、明海も「しんどい」と言い出す。「じゃあ、休もう」と言って、休む。「もういいかい?」と言うと、「まだ」と言う。それでもあそこまで行ったら休もうとか、何かいいもの落ちてないか探そうとか、ごまかして歩かせる。

多武峰まで行って、不動の滝まで行った。陽介はもうだいぶ限界にきていたので、明海だけ連れて、「もうちょっと上まで行ってみようか?」と誘うと、「ぼくも行く」と陽介も付いてきた。お母さんとゆきちゃんは下でお留守番をしており、途中で陽介は「お母さんの所へ行く」と言ったものの、「じゃあ、1人で帰っておいで」「だから、最初から来なきゃいいのに」と言ったものだから、結局、最後まで付いてきて、最後まで歩いて戻った。こちらが無理に歩かせようとすると歩かず、歩きたいようにさせると歩く。

明海と風呂に入ると、明海は洗面器をハンドル代わりにして、タクシーの運転手をしてくれる。

「どちらまでですか」と聞くので、「天理駅までお願いします」と言うと、「ブッブー」。

●親がいないと泣き、いるとやんちゃする

1984年10月29日（月）

生後6か月くらいまでは誰に抱かれてもニコニコしている。ところが、7~8か月になると、人見知りをしだし、1歳になると、はっきり母親を認識し、母親がいないと泣きだす。這えるようになり、ヨチヨチ歩けるようになると、周囲の色んなものに興味を示し、いじったり、なめたりするなどの探索行動をさかんにするようになる。この時期にもし人見知りをしなかったら、とんでもないことになる。親元を離れて、どこへ行ってしまうかもわからないし、どんな危険に遭うかもしれない。

その意味で、母親がいないと、泣いたり、よその人に抱かれたりするのを嫌がるという行動は自分の安全を守る、という意味で非常に理にかなっている。親の側から見ると、大丈夫なのがわかっているのに、安心な人だとわかっているのに、泣かれて困るわけだが、子供には当然そのような判断はできない。泣かないで危険を冒すよりは、泣いて困らせる方がよい。夜に「おかあちゃんも一緒に寝よ」と言うことに関しても、自分の安全を守る、親に自分への注意を向けさせる、という点で合理的だ。例えば、子供は睡眠中にふとんを蹴とばして、寝冷えをするかもしれないし、頭をタンスにぶつけるかもしれない。

親がいないと泣きだし、親がいると周囲を荒らす。親にとっては全く手のかかる存在ではあるが、子供にとってはそれが成長に必要な過程だ。陽介のように、目を離すとどこへ行くかわからない子より、明海のように、臆病で親のそばを離れたがらない子の方が安全だ。その代わり、その安全を求める欲求は親が「大丈夫なのに」と思っている場合でも行使されるので、手がかかる。しかし、子供は周囲の状況が飲み込み始めると、これは危ない、これは安全、と判断しながら、時には親のそばにいて、時には1人で遊びに出るようになる。明海と陽介はコマ付き自転車に乗るが、19号館の敷地の外へは出ない。2人だけで、敷地内の砂場に遊びに行くが、その砂場には恐い人は来ない。

一昨日、近くの公園へ3人の子を連れて遊びに行った。そこにはすでに5人の小学生がいて、石の長椅子を囲んで、お菓子のおまけのプラモデルのようなものを作っていた。お父さんとしばらく遊んだ後、陽介はその小学生に交じって、ちょこんと座った。別に彼らの邪魔をしているわけではないから、彼らも咎めはしない。明海は陽介がいるので、ちょっとのぞきには行ったものの、別のところで1人で遊んでいる。

この陽介の他人と同化し、交わっていこうとする姿勢には学ぶべきものがある。少なくとも、お父さんが不得意としているところだ。人が寄ってきたら、応じるが、人が固まっている所に入っていくのには抵抗があるからだ。いきなり、何をしてるのと聞いたり、いじったりするなどの邪魔をしないで、ただじっと同じ姿勢で見ている。そのうちに、相手も仲間意識が出てきて、話しかけてくれたり、一部をくれたりするかもしれない。

●認めてほしい

1984年11月1日（木）

「ほら見て、ほら見て、ボクこんなことができるんだよ」

陽介が湯舟に入って、後頭部を湯につけてみせる。「すごいねぇ」と言うと、明海も「ぼくもできるよ」と負けずに言う。「あっ君はよくできるのちゃーんと知ってるよ。頭洗う時も全然泣かないもんね」「ぼくも泣かないんだよ」と陽介が言う。「そう？　泣かないで洗えるようになったの？」「そうだよ」「そうか、おりこうさんになったね」。そう言っているのに、「よう君バカ」と明海が言う。すると、陽介は「ぼくバカとちがう！」とむきになって反論する。

「ぼくはおりこうだ」「ぼくはこんなこともできるんだ」と、２人は争って言う。これはぼくをおりこうと言ってくれ、すごいね、えらいね、と褒めてくれと訴えていることだ。その度に褒めてやっている。それでも、何度でも褒めてほしがる。これはまた、無意識に自分は未熟なんだ、力がないんだ、ということを認めていることであり、権威者（ここでは両親）の承認を求めていることでもある。子供達の求める承認を十分に与えてやると、自尊心が高まり、自分に自信を持てるようになり、少々のことではへこたれずにやっていけるだろう。

人に認めてもらいたいと思い、認めてもらうと嬉しく感じるのは何も子供に限ったことではない。僕自身がそうだ。もちろん、大人なので、正面きって認めてくださいとは言えないから、暗に認めてもらえるような行為を重ね、努力する。大人の中には、もっとあからさまに自慢話をしたり、自分の持っているものを自慢したり、自分自身を自慢できなければ、こんな偉い人を知っているんだぞ、という自慢をする人もいる。

親を取り入れる過程で、承認を求める行為は役に立つ。それは努力に繋がるからだ。しかし、子供がするのは無邪気でかわいげがあるが、大人が自慢たらたら言っているのを聞くとうんざりする。それはいかにも子供っぽいからだ。

1984年12月4日（火）（T記）

明海は夕方の月を見て、「お母さん、お昼はお月さん白いのに、夕方になると黄色くなるね」と言った。そして、「お母さん、お月さんはどこへ行ってもいるね」とも言った。うーん、すごい観察力だ、とほくそ笑む。

陽介にハサミを買ってやった。すると、一日中ハサミを持って何かをしている感じで、よほど嬉しいんだなぁと思う。それまでは明海のハサミを貸してもらうばかりだったので、自分もほしくてたまらなかったのだろう。自分の虫かごのひもまで切ってしまった。

●鼓膜が破れる

1984年12月7日（金）

「鼓膜が破れたらどうするの！」「耳が聞こえなくなるでしょ」と小さい頃によく聞かされてい

た。だから、鼓膜は大事で、破れたら耳が聞こえなくなってしまう、と信じていた。ところが、実際に明海の鼓膜が破れてしまった。お母さんが明海の耳かきをしている時に、そばで陽介が機嫌悪くしていて、うかつにも鼓膜を突いてしまったのだ。病院で安静にするように言われた。

鼓膜が破れても、再生するので、耳が聞こえなくなることはない。だけど、痛かっただろうと思う。自分の子供がそうなるなんて、信じられない。ほんのちょっとしたことだ。ほんのちょっとしたことで、鼓膜が破れてしまう。ほんのちょっとしたことで、ラムネ菓子を喉につめて、意識を失い、死んでしまった子を知っている。そういうことが起きないように気を付けておかねばならない。ふとしたことで、事故は起きるものだから。

1984年12月10日（月）（T記）

皆に「明海君、大丈夫？」とか、「大変ねぇ」と言われ、私も「静かにしてなさい」「薬飲んで」などと言うものだから、明海は「みんなが色々言うから、ぼく悲しい。涙が出てくる」と言い、本当に涙がたまっていた。耳だれが出ると、じっとして、「お母さん、また出た」と悲しそうに言う。8時半すぎになると、「ぼく寝てくる」と言って、着替えて、ふとんに入り、風呂もがまんし、薬も素直に飲んでいる。この子なりに受け止めている。

1984年12月25日（火）

一昨日、寒い中を自転車に乗って図書館に行った。そのついでに、子供達の手袋を買ってあげようということになり、お父さんと明海は公園で待っていて、お母さんと陽介が買いに行った。手袋屋さんで、飴を1つもらったら、陽介は「お兄ちゃんの分もちょうだい」と言って、もう1つもらった。その2つを持つと、お母さんはもう少し買い物をしたかったのに、陽介は「ぼく待ってる」と言って、自転車を停めている所へ行った。そのため、お母さんはそれ以上の買い物をあきらめて戻ってきた。

陽介はニコニコしてもらった飴と買ってきた手袋を明海に見せた。明海は自分の好きな色の手袋と飴を取った。陽介は残った方を取った。けんかにならないように、お兄ちゃんの分の飴をもらい、お兄ちゃんに好きな方を取らせてあげて、文句を言わない。えらいね。

1985年1月15日（祝）

お母さんは生駒に住む友人宅へ行きたい、と言うので、僕が明海と陽介を連れて、あやめ池遊園地に行くことにした。2人に「お母さんは御用で別の所へ行くけど、それでも行くか？ 泣かないな?」と聞くと、明海は「そんなん、泣かないよ」と言った。「ブーブーとかに乗せてあげるからね。だっこなんて言っちゃだめだよ」とも言った。いよいよ、大和西大寺に着く手前で、2人にもう一度「今からお母さんと別れるけど、いいね」と念を押して、ホームに降りた。するととたんに明海が泣き出した。「ほら、お母さんの所へ行っておいで」と言うと、明海はもう一度電車に乗って、お母さんの所へ行き、遊園地へも行きたいし、というふうに泣いていた。

陽介は知らん顔で付いてきた。遊園地は少し寒かった。陽介は最初「ブーブーに乗せたろか？」と言っても、嫌がっていた。しかし、僕も一緒に乗ってやると、楽しさがわかったのか、それからは「あれ乗りたい」「これ乗りたい」と言い出した。アスレチックでもよく遊んだ。３時間近くが経ち、僕は少々飽きてきたので、陽介に「そろそろ帰ろうか」と促したが、彼は帰りたがらなかった。また、この間、彼はお兄ちゃんやお母さんのことを一言も言わなかった。

1985年1月22日（火）

今日は８時半に帰ってきた。ちょうど子供達を寝かせようとしているところだった。３人ともふとんから起き出して、ウロウロし始めた。僕が食事をしていると、陽介は「歯をみがいたから、食べるのはよしなさい」と言ったのに、おかずをつまんだ。お母さんが、「歯をみがいておいで」と何度も言うのに、陽介はみがこうとしない。僕の食事が終わって、お母さんがふとんの中に入ると、明海はさっさとふとんに入った。しかし、「もう寝なさい」と言っても、陽介と愉喜子は寝ようとしない。明海だけがおとなしくふとんの中にいるので、「明海君はおとなしくて、えらいね」と褒めておく。愉喜子は昼寝をしているので、お母さんも特別扱いで寝かそうとしない。

陽介は気まま。明海は母親の気持ちを察して、おとなしい。どちらがいいのかわからない。明海の存在も認めてやらねばと思うので、褒めてやったが、親の機嫌を伺うのを褒めることは問題なのかもしれない。

陽介の虫歯のことを考えると、歯をみがかせる習慣をつけさせることはいいことだろう。しかし、無理矢理させるのは問題だろう。〝親が言うからする〟ということになるから。虫歯で困るのは自分自身であって、そこまで親がかまうことは却って、自主性をそこなう。親自身が歯を大切にするという行為を示していれば、子供はそれを学ぶ。そして、〝自分のことは自分でする〟という習慣さえ身につけば、後は自分でする。

お母さんが明海の幼稚園入学を我が事のように喜んでいる。「ぞうり袋も作ってやらんといかんし、〇〇せなあかんし、忙しい」と嬉しそうに言っている。今日、さっそく縦に積んでいた子供用タンスの上の部分を下に降ろして、横2つにし、明海が服を自分でタンスの中に吊るせるようにした。今から幼稚園にいくようになって困らないように躾けておくんだって。

●陽介の反抗

1985年2月14日（木）

陽介がタンスの戸棚から引っぱり出してきた自転車用のゴム紐の先を子供用のタンスの取っ手にひっかけて、戸がパタンと開くのを面白がって、やり始めた。ひっかけたのが何かの拍子にはずれて、顔にでも当たると大変なので、「危ないのでやめなさい」と注意した。それを無視して遊んでいるので、お母さんがツカツカと行って、取り上げた。「危なくなぁい！」「ダメ！」と言い合いながら、お母さんを叩く。「危ないんだから、ダメと言ったら、ダメ！」と2人で叱る。「おかあちゃんのバカ！」お父さんもにらんでいるので、「みんなバカ！」と、かなり強く反抗した。

2～3日前にもあった。僕が8時頃に帰ってきて、夕食を摂る。子供達はもう歯をみがいているので、「もう食べちゃダメよ」と制される。それでも陽介と愉喜子がお漬物を食べる。明海が言いつけを守ってがまんしていたのに、「みんなが食べたら、ボクも食べたぁい」と言う。「そうだね、食べたくなるね。この子供は悪い子だから」と陽介と愉喜子の頭をポンポンと叩いた。すると、「ボク悪い子と違う！」とマジに反抗して、僕の顔をひっかいた。「ほう？　誰だ？　歯をみがいたのに食べたのは？」「ボク悪い子と違う！」

何気なく言った言葉に急に反抗されて驚いた。かといって、こちらが悪くてあやまるたぐいのものでもなく、言い返したが、どう対処すべきかたじろいだ。治療場面でもこういうことに時々遭遇する。全然予想していないのに反発される。

自我の萌芽と呼べるのかもしれない。陽介は知的発達が早く、能力のある子だと思う。お兄ちゃんに横取りされても、平気でいるように見せている（そのくせ、愉喜子のものを横取りする）。しかし、このような明海にはない反抗が出てきた。もう少し大きくなって起こったとすると、本気で対決しなければいけないかもしれない。こちらの意図と陽介の考えがぶつかった。僕としては、このエネルギーと自我をいい方向に持っていってやりたいと思う。

1985年2月16日（土）

愉喜子は、お兄ちゃん達に「片付けなさい」と言っているのに、ぐずぐずしていると、自分から片付けを始める。風呂上がりに、お兄ちゃん達に「風邪ひかないように、早く服着なさいよ」と何度言っても聞かなかったりするのに、愉喜子は「着せたるから持っておいで」と言うと、服を持ってきて、ちゃんと服に手を通す。おむつをするために寝かせると、おとなしく寝ている。なんてこの子は手のかからぬ子だろう。聞き分けのいい子だろう。このまま、聞き分けのいいまま大人になるのだろうか？

●幼稚園の一日体験

1985年2月19日（火）（T記）

幼稚園の一日体験をしてきた。陽介と愉喜子も連れて行こうと思ったが、小橋さんが置いていったら、と言ってくださったので、陽介は連れて行きたかったけれど、ゆきちゃん1人だと絶対泣くと思ったので、2人にお留守番をしてもらった。

明海は初め園長先生の顔をまともに見ず、私のスカートの端をくちゃくちゃいじったり、下を向いたままもじもじしたりしていて、はがゆかった。でも、何も言わず、手を握ってやった。これから何が始まるのかわからなくて、すごく緊張しているのが手に取るようにわかっていたからだ。

席を移動しようとすると、泣きそうになる。これはだめだと思ったので、横にくっついていた。歌が始まり、手を叩いたり、足をどんどんさせたりしていると、遅ればせながら、みんなと一緒にゃるようになった。次第に声も大きくなってきた。

そして、寸劇が始まる頃、私はトイレに行きたくなった。どうしたものか考えていたが、舞台にすごく注意が向いていたので、「お母さんトイレに行ってくるけど、待ってる？」と聞くと、「うん」と言った。戻ってきても、必死で劇を見ていた。〝三匹の子ブタ〟、あれは誰がやっているのか、とか、ピアノの音はどこからくるのか、などと考えているらしい。劇が終わって、園長先生が「風車をあげます」とおっしゃった時、みんなが走って行ったが、それに必死でついて行った。ああ良かった、ほっとした。何とか幼稚園に馴染めそうだ。

家に帰ってくると、〝幼稚園ごっこ〟が始まった。「こんにちは」「こんにちは」と言っている。陽介も幼稚園に興味津々だ。

1985年3月16日（土）

愉喜子が「でんちええて」と機関車を持ってくる。「フーフーして」とスープを出す。二語文をしゃべるようになった。

陽介の方が体重が重くなった。背は変わらない。力は明海の方が強い。2人でよくじゃれ合い、取っ組み合う。それにゆっこも交じる。しかし、ゆっこは都合が悪くなるとすぐ泣く。

●入園式

1985年4月10日（水）（T記）

今日は明海の入園式だった。どうなることかと思ったけれど、大丈夫だった。私の顔を探そうともしないで、白石先生の顔や、みんなの顔や、あちこちの字を見ていた。返事も大きな声でできた。ひらがなが読めるようになったところなので、ちょうどタイミングが良く、人の名前も読もうとしていた。

帰ってきてすぐ、「ボク、あした朝バスに乗って行くからね。お母さん待ってて」と言った。今朝は「ボク、バスに乗って行かない」と言っていたのに。大きい組のお姉ちゃん達がバスに乗って帰るのを見たり、園長先生のうさぎのパンちゃんの話がおもしろかったりしたからかもしれない。ともかく私は一安心。後学のために、陽介もゆきちゃんも連れて行った。陽介は昨日買ってやったハンカチを今日一日中握りしめ、寝る時も離さなかった。余程彼も幼稚園に行きたいらしい。早くかばんも作ってやらないといけないな。

●3歳児の夢

1985年4月15日（月）

「牛乳なんかイヤだ」「牛乳なんかイヤだ」と4～5回言って、その後ガバッと起きて、「牛乳なんかイヤだ」と隣に寝ているお母さんを叩いている。「牛乳なんかないじゃないの」とお母さんはまた陽介を寝かせた。

これは朝7時前の出来事。起きた陽介に「『牛乳なんかイヤだ』と言ってたけど、どんな夢を見てたの？」と聞くと、「ジュースの方がいいって言ってたの」と答えた。「誰が飲んでたの？」と聞くと、「お兄ちゃん」と答えた。

まだ幼稚園へ行けない陽介はお兄ちゃんが幼稚園へ行くことで得た様々な品物を見て、自分もそれらが欲しくてたまらない。その気持ちが牛乳よりもお兄ちゃんが飲んでいる甘いジュースが欲しいという形で夢に反映されたのかもしれない。

2歳になる前に陽介の寝言を聞き（1983・11・13）、3歳になると回想できる。ひょっとしたら、生まれたての赤ん坊の時から夢を見ており、言葉がしゃべれるようになると、夢について語れるようになるのかもしれない。

1985年4月28日（日）

榛原の方へピクニックに行く予定だったが、明海が遊園地へ行きたいと言うものだから、あやめ池へ行った。行くなり、「ボクあれ乗りたい」と言い、それが終わると、別のを指して、「あれ乗りたい」と言った。

先日もサファリーパークのバスの写真を見て、「これ乗りたい」と言っていたし、「テレビ買って、ポロリとか見たい」とも言った。どこまで、要求を叶え、どこまで抑制すべきだろうか？

他の子が持っていれば自分も欲しくなるだろう。しかし、物質的な欲求にはきりがない。足るを知ること、窮乏生活にも耐え得ること、なければないなりにやっていけること、またそのやりくりの仕方を覚えること、もっと貧しい人達、苦しい状況に置かれている人達がいることを知り、その人達の心情を理解できるようになることが大切だと思う。

親に経済的余裕があると、ついついいいもの、おいしいものを手に入れようとする。その中で育つ子はそれらが当たり前と思ってしまう。自転車がいいんだと思っていても、そばをかっこいい自動車に追い抜かれてしまうと、時として、自分も自動車が欲しくなってしまう。とりあえず、テレビと自動車、どこまでなしで済ませられるだろうか。

1985年5月5日（日）

お母さんがパーマ屋さんに行っている間、ボール遊びをした。明海はバレーボールを高く上げても、上手にボールを両手でつかむ。スポンジボールを投げてもバットで結構打てる。陽介はまだボールがよく見えていない。胸のところにうまく投げてやると受けれる程度。

近所のお兄ちゃん達が野球やサッカーをするのを見ていて、明海が「手にいれるやつ」と言うので、グローブを押し入れから出した。まだ、彼には大きいがはかせてやっていると、陽介が「ボクも…」と泣き出した。「そんなんしたら、ボク悲しくなっちゃうじゃない」と泣きながら言った。ボール遊びは明海の方がかなりうまく、「陽君の番」と言ってしてやっても、陽介はすぐ「もういい」とやめてしまっていた。そのため、明海の方をより構う形になり、できない自分、してもらえない自分に悲しくなったのだろう。

明海がより良くできると陽介が悔しい思いをし、陽介がより良くできると明海が悔しい思いをする。そうやって、それぞれが大きくなっていくのだろう。

それにしても、陽介の自分の感情表現はかなり高尚だと思う。

1985年5月6日（祝）

愉喜子はよくダダをこねるし、ちょっと叱るとすぐに泣く。お母さんにだっこしてもらっていて、陽介が来ると「あかん、あかん」と押しのける。なかなか泣き止まない時、「ベランダに出るか」と言うと、それも「あかん、あかん」と言う。明海は何回かベランダに出しており、不公平になるので、愉喜子も出そうとすると、上の2人がダメと言う。「まだ小さいんだから」だって。自分が出されて嫌だったので、やめておけと言うのだろうか？　3人の連帯意識が強いのだろうか？　それとも、愉喜子のような下の子には親のような保護的な感覚を身につけたのだろうか？

●幼稚園でのけが

1985年5月15日（水）（T記）

5月11日に幼稚園から電話がかかってきた。明海が額をけがしたので、病院へ連れて行きますという知らせだった。急いで病院へ行くと、「今縫っているところだから、外で待っていてください」と言われた。付き添って来られた幼稚園の先生はすごく私に気を遣って色々と話しかけてくださった。自分の子供のことをこんなにも心配してくださるということに感激した。責任もあるだろうけれど、命に別条のないことだから、そんなに心配ではなかったけれど、現場を見た先生はさぞ驚かれたことだろうと思う。

15日は病院へ消毒に連れて行った。その後、幼稚園へ連れて行ったが、「帰る」「幼稚園へ行かない」とわめいたが、置いてきた。途中から入るのは誰だって辛いものだ。

昨日、明海が同じ19号館に住むこう君にビンで殴られた。少したんこぶができて、血がにじんだ程度だが。この頃、こう君がよくひと騒動を起こす。親も大変、子も大変。いけないことはいけないことなんだと、厳しく躾けておかないと、だめだと思う。

半日明海がいなくて、陽介も外へよく遊びに行くので、家ではゆきちゃんと私の2人。随分楽になった。だから、近頃色んなことをしてみたいと思う。ピアノも弾いてみたいし、絵更紗も素敵だと思うし、料理ももうちょっとうまくなりたい。

1985年7月15日（月）

帰ってくるなり、陽介がお風呂から飛び出してきて、「これボクがそろえてあげたんだよ」と言う。玄関の靴がきれいに並べてあった。続いて、明海が出てきて、「ボクこんなんして、つけられたんだよ」と廊下に顔をつけて説明してくれる。何のことかとよく聞くと、湯舟の中で、底まで顔をつけられたということだ。これは先日一緒にお風呂に入った時、お父さんがしてみせたことだ。「すごいね、もう泳げるようになるよ」。そのうちまた、陽介が出てきて、「これボクがそろえてあげたんだよ」と言う。「そうか、陽君が並べてくれたのか、きれいになってるなぁ」「今日スイカ買ったんだよ」とも教えてくれる。お父さんの帰りを待っていてくれたんだろう。

夕食を終える頃、やにわにお母さんがスイカを切ってくれた。明海は白いところまで食べる。陽介は一切れ食べ終わってもまだ欲しがる。「それお父さんのよ」とお母さんに言われて、お父さんの分を陽介が持ってきてくれる。しかし、途中でかぶりついている。

「それお父さんのだよ。お父さんの小さいんだから」とお父さんが言う。陽介は食べたいのをがまんして、なめるだけにしている。そうすると明海が残っている半分を「これあげる」と言うではないか。白い部分まで食べているほどだから、余程好きなのだろうから、「ありがとう、でもいいよ、あっ君食べたら」と言ったけれど、くれた。陽介がほしがるので、少し分けてあげた。

お父さんの食べ終えたスイカの赤い部分を明海が食べてくれる。「きれいに食べるね」と褒める調子で言ったものだから、明海はせっせと白いところまで食べるのだろう。あまり白いところまで食べると、いじましくて、他人の前だと変に思われる。

それにしても、明海は自分の分をくれるところなど、とてもやさしい。

明海はさっさと歯をみがいて、陽介は相変わらずぐずぐずして、それからお母さんに本を読んでもらって、3人共、いや、4人共スヤスヤ眠ってしまった。

明海は時々絵本を立てて、紙芝居をしてくれる。先日は『なにたべてきたの？』（岸田衿子・文、長野博一・絵、佼成出版社）というブタさんの話をしてくれた。チラッと中を見て、あとは適当に自分がしゃべる。なかなか上手だ。「ほいで」「ほいで」が多いけれど。

愉喜子の指しゃぶり、陽介の「ゴシゴシして」はいつ止むだろうか。

子供達がスクスク育っているのを見るのはとても嬉しい。3人が3人ともいいところがあるし、かわいい。「お父さん」「お父さん」と言ってくれるからかもしれない。子供達にとってみれば、「お父さんはすごいねぇ」と思っているのだろう（これにはお母さんの力もあるけれど）。これからだんだん大きくなっていくが、どう変わっていくのだろう？　お父さんを乗り越えてほしい。お父さんの目から見れば、あらぬ方向に行くかもしれない。でも、それが乗り越えることかもしれないし、そうなっても、余裕を持って見ておけるお父さんでいたいと思う。

1985年9月8日（日）

明海の夏休みも終わった。この夏は明海にとって大きな進歩があった。それは〝水泳〟だ。風呂ではほとんどいつも顔をつけて、「すごいだろう！」と喜んでいる。プールでも顔をつけられるので、浮くことができ始めた。

子供達といると、いつもからまってくる。特に、陽介は肩や背に乗ったりして、暑いし、重いし、「もう！」と言いたくなる。愉喜子もくっついてくるが、ちょこんと膝に乗ったりするだけで、新聞を読んでいても、はたいたりしないので、邪魔にならない。得な性格だ。そこへ陽介が自分も膝に座ろうとすると、愉喜子が「あっち行って！」と制止する。しかし、力ではかなわないので、結局、愉喜子が泣く。

先月の末にはお母さんのあこがれの信州に行く予定だった。ところが、お母さんが流産をしてしまい、また、僕の仕事の都合がつかなくなって中止せざるを得なくなった。まあ、それはいいとして、4人目ができるはずだった。今はもうお母さんの体もすっかり回復したようで、あらためて、4人目とは、と考えてしまう。どうなるのだろう？　どうしようというのだろう？

子供達が早く大きくならないかと思う。大きくなれば、一緒にテニスをしたり、山登りをしたりできる。しかし、その頃になって、僕はそれらをする元気があるだろうか？ということを考えると、今ある自分を楽しむこと、それが一番大切な気がする。

●陽介の虫歯

1985年10月1日（火）

陽介が「（歯が）痛い、痛い」と泣いた。痛みを止めるために、正露丸をつめたり、今治水を塗ったりしたが、いずれも苦いために嫌がり、ただ「痛い、痛い」と泣く。「歯をみがくのを嫌がった罰だ」と言われて、本人もいくらかそのことがわかっているだろう。先々週にはとうとう頬が腫れあがってしまい、歯医者に通い始めた。しかし、第1回目は、泣いて口を開けてみただけ。第2回目は、その他の歯に薬を塗っただけ、第3回目は、歯を少し削って、薬をもらった。そして、第4回目は掃除をしただけで、一向に治療は進まなかった。

「今度は泣かさないでください」と言われて、家内は何とか泣かさないようにと、必死に「よく片付けたね」などと褒めている。行く前から泣くので、本を買ってやるからと約束をして連れて行った。結局、治療にならなかったが、本を買ってもらっている。行く度に何かを買ってもらい、泣く度に何かを買ってもらう。

どうしてもしなきゃいけないことだから、泣こうとわめこうとさせねばならぬ。歯をみがかなかったり、薬をつけなかったり、歯医者に行かなかったりすれば、結局、自分が痛い目をするだけなのだ。だから、僕は家内に「もう放っとけ」と言った。陽介には「痛くなったかて、知らんからな」と感情的になった。陽介は「いいもんね」とか、「お父さんなんか遊んだげへんもんね」と強がりを言った。

明海の場合は麻酔の注射を打たれてもじっと我慢をしていたので、陽介もそうあってほしいと思う。そうでないために、父親として苛立っているのかもしれない。陽介がいつものように「ゴシゴシして」と来たが、「知らん」とつっぱねた。「もう知らん」と言いながら、僕はとても気にしているのである。その日、陽介は特別僕にくっつこうとしていたように思う。ソファに座って新聞を読んでいたら、そのそばで眠ってしまった。

その前にも、陽介がますみちゃんの目覚まし時計を持って出ようとして、階段で落として壊した。その夜は僕の帰りが遅かったので、翌朝叱ろうと思った。お母さんに言われたのか、朝、陽介は「ごめんなさい」と恥ずかしそうに言った。「ごめんなさいはなんのことについて?」と、淡々と状況を聞き、人の物を勝手に持ち出してはいけないこと、ますみちゃんにあやまっておくことを言った。「わかってるわい」と、陽介は言い返した。

翌朝早く起きて、陽介は「ちゃんと片付けたよ、見て」とまだ寝ている僕の枕元で言う。陽介としては、彼なりに褒めてもらおうとしている。

明海は陽介から物を取り上げて、愉喜子に渡す。明海にとっては陽介は競争相手だが、愉喜子はそうではない。愉喜子も明海が強いことを知っているので、明海にはけんかは挑まないが、陽介には「ダメ、あっちへ行って」とか言う。2対1に分かれてしまった。しかし、いつも競争相手ではなく、遊び仲間でもある。「陽君、こっちへ来い」「外へ行こう」と半分命令のようだが、明海は陽介を誘う。そして、陽介は別のことをしていても、その誘いに従っている。

1985年10月26日(土)

今日は4人でトランプをした。明海は七並べができるようになった。陽介はまだ不十分だが、負けずにしようとしている。「スペードの5が置けるよ」と教えてやると、嬉しそうにするが、まだきちんと置けない。明海は自分の手札の中から次にどれが置けるかわかっていた。愉喜子も仲間入りしようとするが、まだ論外。しかし、決して邪魔にはならない。それからも、「トランプしよう、トランプしよう」と2人は大はしゃぎだ。

1985年10月29日（火）

歯医者のことで懲りたのか、8時半に僕が帰ってきて、食事を始めたが、陽介は今までのようにつまみ食いをしない。しかし、愉喜子は食べようとし、それを見て陽介が「歯みがいたから、だめだよ」とたしなめる。愉喜子は「そんなに怒らんといて」と言う。その言い方は明海とそっくりだ。それにしても、痛い思いをすると、だんだん賢くなっていく。

陽介の左利きはがんこで、右で字を書くように言っても、すぐ左に持ち替える。何度も注意するものだから、自分からあまり書かなくなってきた。明海は運動会でもらったノートにせっせと数字や車を書くが、陽介は書こうとすると、「右で」と言われるので、ビリビリとノートを破り裂いた。最近は根負けして、お母さんはあまり矯正しようとしなくなった。

幼稚園バスは9時頃にならないと来ない。しかし、明海は8時過ぎになると、制服を着て、さっさと下へ降りていく。幼稚園に行くのが楽しみのようで、集団生活に適応できていることを嬉しく思う。僕が自転車で出勤しようとすると、タッターと走ってきて、「いってらっしゃーい」と手を振ってくれる。ゆっこも2階から大きな声で「おとうちゃん、いってらっしゃーい」

と手を振ってくれる。ちょっと恥ずかしいけれど、嬉しい。

●子供部屋

1985年11月19日（土）

子供3人は子供部屋に寝て、親は別の部屋で寝ている。16日からお母さんが付き添わないで、子供達を寝かせることにした。「向こうの部屋へ行って寝ておいで」と言っても、「お母さんも一緒に寝よ」と陽介が言う。明海は1人で寝ようとするが、陽介と愉喜子は行かない。「1人で寝ろ」「いやだ」「お母さんも一緒に」が繰り返される。明海はこちらのやりとりが気になるらしく、コンコンとかズーズーしているのが聞こえる。それでも何も言わずに寝ている。「お兄ちゃんはえらいね」と繰り返し言うが、陽介は何だかんだ言いながら、子供部屋には行かない。居間のこたつに入ったままで、10時過ぎにそのまま眠ってしまった。

17日も同じで、明海は子供部屋で寝るが、陽介と愉喜子は行かない。18日は陽介は一旦「寝てくる」と部屋に入るが、すぐに戻ってくる。「トランプをしたげるからちゃんと寝てくるか」と条件をつけてトランプをしたが、終わるとやはりダメ。もうけんかだ。その日は僕が疲れていたので、9時半頃には寝た。お母さんも子供を連れてそのまま寝た。今日も陽介は風呂からあがると、そのままこたつで眠ってしまった。

愉喜子は遅くまで起きていても邪魔にならない。ところが、陽介は「本読んで」とか「肩車」

とか言い、あれこれとしゃべるので、どうもいけない。

1985年12月19日（木）

明海の誕生日には『学習幼稚園』を買ってやった。陽介は指をくわえて見ている。付録が自分もほしい。その後、本屋に立ち寄った時、買ってくれとせがんだが、「誕生日まで」と言って、買わなかった。陽介の誕生日には『たのしい幼稚園』を買った。付録がさらに良くて、明海もほしくてたまらない。で、それを取ろうとした。でも、「これは陽君の」と抑えた。すると明海は泣き出した。「お互いに『貸してね』『どうぞ』と言って、貸したり、あげたりするのが大切なんだよ。そうしていると、またもらえるからね」と諭した。

●初めてのお年玉

1986年1月2日（祝）

網干のおじいちゃんからそれぞれに100円のお年玉をもらった。「自分達の好きなものを買っていいよ。ガムでもアイスクリームでもノートでも買えるよ」と言うと、「ヤッター！」と、子供達はそれはそれは大喜び。明海は「ガムを買う」と言う。「からいガムは1個60円だから1つしか買えないけれど、丸い小さなガムなら10個買えるよ」と言うと、「ヤッター！」「お釣りおいといたらいいよ」と言っても、「10個買う」と言う。陽介はそのお年玉のポチ袋を持って寝た。

結局、明海はガンダムおもちゃつきのガム、陽介はグリーンガム、愉喜子はチョコボールを買った。

●お父さんのバカ

1986年1月7日（火）

陽介は甘えたいのだろうけれど、うまくいかないので、言うことを聞かない。昨日もお母さんと話をしている最中に、メモしている紙を取り上げたので、「返しなさい！」ときつく叱った。しかし、その後にまた同じことを繰り返した。「返しなさい」と言っても、返さないので、無理矢理取り上げたら、こたつにもぐって泣く。そして、「お父さんのバカ！」。

この2～3日、「お父さんのバカ」「お母さんのバカ」「あっ君のバカ」「ゆきちゃんのバカ」が多い。こたつや食卓に座っていても、肩に乗っかかってくる。じっと乗っていればそれほどでもないのだが、揺らすものだからうるさくなる。

昨日はお母さんが雑誌のスクラップをするのに用いていたカッターナイフを面白がって、使いたがった。危ないので取り上げようとしても言うことを聞かないので、ベランダに出した。ところが、ベランダに置いていた箒でガラスをたたき割ってしまった。

歯みがきも、風呂上がりに服を着ることも、寝ることも何度も言わないとしない。母さんも陽介が膝の上に乗るとうるさがる。陽介は明海にしいたげられ、すぐ泣かされる。負けるのがわかっているので、抵抗しない。愉喜子は愉喜子で陽介には「ダメ！」と負けずに言う。中間にあって、行き場がない。

1986年2月6日（木）

陽介のしつこさにはあきれる。包丁をいじりたくて、いくら「やめなさい」と言っても聞き入れず、自分の指を切った（少しだけ）。今日はお父さんの誕生日で、ケーキを食べたが、「ローソク、ローソク」と言い続けた。ローソクを立てにくいケーキだったこともあって、「いらんよ」と言ったのに、彼は言い続けた。

また、今日、明海が幼稚園でドロップをもらってきて、「お父さんにもあげる」と1つくれた。陽介も黄色を1つもらったが、「白いの、白いの」ともう1つ要求する。「1つあるからいいじゃないの」「お兄ちゃんのだから」といくら言っても「白いの、白いの」と求め続けた。お母さんが「あっ君、あげとき」と一言言ったせいもあるかもしれないが、ケーキを食べた後だし、がまんさせるべきだと思った。だから、明海としても、すぐに、はいどうぞというわけにもいかず、追いかけっこが始まった。結局、お父さんが預かることにして決着。陽介は「だっこ」とお母さんの所へ行って泣く、「白いの」と言いつつ。

それにしても、親の言うことを素直に聞かないので、手こずる。〝わんぱくでもいい、たくましく育ってほしい〟という言葉があるが、〝わんぱく〟というのは、親の言うことを素直にきかないということなのだろう。でも、親に反抗してでも自分の欲求を通そうとすることは、エネルギーがあるということであり、たくましいということであり、将来性があるということなのかもしれない。

ドロップの話と関連して、欲しくなる気持ちはわかる。しかし、欲求を求め続けたらきりがない。今ある幸せが見えなくなる。〝白い〟ドロップが欲しいがために、せっかくもらった〝黄色〟のドロップの嬉しさが消えてしまった。

「テレビ買って」と明海と陽介が言う。ピッコロが見たいのだろう、チェンジマンが見たいのだろう、ドラえもんも見たかろう。だけど、素直に買ってやろうとは応えられない。なくて過ごせるものならない方がいい。テレビを見ない分、どうしても会話が増え、絵本を読んだり、トランプをしたり、絵を描いたりの時間が増える。それがいい。「じゃあ、ラジオを聞かせて」と明海はしつこくテレビを求めないで、ラジオから聞くことで満足しようとした。先日もデパートへ行って、「バズーカー、買って、買って」と言ったが、あっさりあきらめた。「じゃあ、アイスクリーム買って」とはなったが、親の言うことを聞いてくれるのでありがたい。

「じゃあ、○○して」とか「○○したら、××してあげる」という交換条件を彼らはよく使う。親のまねだ。


お母さんがどうやら身ごもったよう。予定日は10月2日。生まれる頃にはゆっこも3歳となり、親にも何となくゆとりができてきたので、ちょうどいい頃かもしれない。

1986年2月18日（火）

今日は天理教教祖百年祭の最終日だった。明海は幼稚園で菓子の詰め合わせをもらってきた。僕が帰ってくるなり、明海がそれを見せてくれる。お父さんに見せるために、食べなかったようだ。風呂からあがって、やわら封を切った。うなぎパイと鳩サブレとビスケットとせんべいとおこし。明海は惜しげもなく、みんなに分けてくれる。自分はビスケットを1つ食べたきり。そして、さっさと歯をみがいた。

昨日、僕が「お父さん、陽介君褒めたいなぁ、陽君いい子だねと褒めたいなぁ」と言った後、陽介が「歯みがいてき、ゆうてみ」と言った。そのとおりに言うと、彼は勇んでみがこうとし、「仕上げして」とコップと歯ブラシを持ってきた。「陽君、いい子だね」と褒めた。今日も陽介は「歯みがいてき、ゆい」と言う。そのとおりに言うと、みがいた。そして、「いい子だね」と褒めた。すると、明海も「ボクもいい子だ」と主張する。「そう、お兄ちゃんが率先して、してくれるから、陽君やゆきちゃんもまねしてする。いい子だね」と明海も褒めた。

子供達は〝大金持ちゲーム〟が好きだ。明海は負けると腹を立てるというか、悲しがる。今日はそれを見て、陽介が「お兄ちゃん、がんばりや」と励ました。

愉喜子は正義感が強い。昨日、陽介が僕の膝の上でゴソゴソして重いので、バットで体を抑え込んだ。最初は笑って抜け出ようとしたが、僕も大人げなく、本気で抑え込んでいたので、どうしても抜けられなくて、「やめて！」と半泣きになった。すると、愉喜子が遠くから、「あかんやんか、そんなことしたら」とお父さんを叱った。

1986年2月22日（土）

「チェンジマンの帽子買って！」と明海がねだる。何度もねだる。本を持ってきて、こんなのだと教えてくれる。「バズーカーは？」と聞くと、「あれはもういい」と言う。チェンジマンごっこをする際に、みんなが持っているので、自分も欲しいらしい。とも君やしん君やゆうちゃんなどが持っているようだ。「じゃぁ、こう君は持ってないんだ」と、持っていない子もいることを強調した。「でも、買ってぇ」「都《みやこ》（天理の都詰所）のおばあちゃんに買ってもらおうかな」と言った（この言葉にドキッ）。お母さんは遠くで、「またフラッシュマンに変わるからやめた方がいい」と言う。「自転車を買ったげるつもりだったのに」と言うが、自転車はいらないと言う。「買って」と言うものを何でもハイハイと買い与えるのも問題と思うので、「よっしゃ、買ったろ」とは言えない。そのうち、「じゃあ、誕生日に買ってくれる？」と言い出した。「その時まで、それが一番ほしいなら、買ったげる」とうそをつきたくないので、きっちり言った。「誕生日に買ってよ」と彼は確認した。

なかなかあきらめがよろしい。明海の誕生日は11月であり、だいぶ先のことになるのだけれども、明海にとっては長いという感覚はないのだろう。つい最近、僕の誕生日があって、明海はプレゼントに自製の牛乳パックで作った船をくれた。そんなこともあって、誕生日が身近なのだ。ねだられるというのは、ある意味いいものであって、もし、「じゃあ、おばあちゃんに買ってもらう」と言って、本当にそっちにねだられたら、こちらは形無しになってしまう。

１９８６年３月２日（日）

１月に１００円をあげた時の喜びようが印象的だったことと、チェンジマンの帽子のあきらめが良かったことのため、帽子の代わりに１０００円をあげた。おじいちゃんからもらっていたお年玉を預かっていたからと話した。ところが、あまり嬉しがらず、ちょっとがっくりした。１０００円が１００円の10倍にあたるということがまだわかっていないようだ。

先週の日曜日に大和八木の近鉄デパートへ僕の姉の娘の小学校入学祝いを買いに行った。その時に１０００円を持たせた。陽介は電車に乗っている時も、デパートでもそのお金を握っていた。しかし、そのデパートには3月からフラッシュマンに代わることもあって、チェンジマンの帽子はなかった。もちろんあっても、１０００円では買えなかっただろう。おもちゃ売り場にも立ち寄ったが、適当な欲しいものはなかった。それで彼らは本を買うことにした。

それはそれで良かったのだが、買い物の途中で、明海と愉喜子が迷子になった。愉喜子はあちこちと歩き回るので危ないと思っていたが、まさか明海までとは。おもちゃ売り場で、お母さんがチェンジマンのマスクが投げ売りされているというのでそれを見ている隙に2人がいなくなった。大慌てで探したがいない。そのうち迷子の案内があって、「おかべときこ様」と放送された。良かった。明海に聞くと、自分が先に食品売り場に行って、戻ろうとすると愉喜子がいたと言う。２人一緒で良かった。

今日、天理駅前のニチイ（ショッピングセンター、自宅からは電車1駅、1・5㎞）まで2人の子供を連れて、走って行った。陽介は部屋中ドンドンしたり、押し入れやテーブルや肩に上ったり、「本読んで」と言ったりして、エネルギーが有り余っていて、そのエネルギーを発散させる必要があると思ったからだ。

店に着くと、目的のセロテープを買ったが、その間、陽介は色々物色して、「あれ買って」「これ買って」と言う。その度に「ダメ」と応えると、「何か買って」と言う。何か買ってやろうかと悩んだが、今日はやめとこうと思いつつ店を出た。ロミーのパン屋の前を通ると、陽介は「ケーキ買って」と言う。「帰ったらごはんだから、昆布、おいしい昆布をあげよう」などと言ってなだめた。すると、それまで何も言わなかった明海が「お母さんに何かおみやげを買って帰ろうよ」と言う。自分がほしいと言わずに、人に買ってあげようと言われたものだから、僕もさすがに「いらん」とは言えなくなってしまった。で、そのパン屋さんでシュークリームとよもぎアンパンを買った。

●テレビ購入

1986年3月12日（水）

今日テレビを注文した。ソニー・トリニトロン19インチ。子供達にせがまれた。フラッシュマンが見たくて、他人の家《うち》に押しかけている。レッドフラッシュマンがどうのこうの、ブルーフラッシュマンがどうのこうのと、身ぶり手ぶりで教えてくれる。ラジオで聞くだけではちっとも面白くないのだろう。大学に入ってから16年間（うち結婚してから6年間）僕はテレビを持たない生活をしてきた。確かにテレビは有用であり、今の世の中必需品であろう。しかし、テレビを持つことで得られるものの陰に失うものがあるが故に、かたくなに持つことを拒み続けてきた。

それらは大きく次の3つである。

1. テレビを見ながらでは、まともな話ができない。

テレビがついていると、それからの映像、及び音声にどうしても注意が向けられてしまうので話がうわの空になる。

2. ついついテレビを見てしまう。

本当に見たい番組だけを見るのではなく、流れのついでに見てしまうことが多い。誰か1人が見ていると、周囲もその影響を受ける。

3. 受動的な時間の使い方になる。

テレビがないと、それによる暇つぶしがないため、時間をどう使おうかと考えざるを得ない。本を読むか、出かけるか、トランプをするか、話すか、寝るか、いずれにせよ、そこには積極性がある。

これまでテレビなしでやってこれたのは、家内の協力があったからこそである。一日中家にいる主婦としては、テレビがなければ退屈するという人が多い。彼女がどうしても欲しいと言えば、ずっと以前に買っていたことであろう。よく従ってきてくれたと思う。

夕食後は、子供達と本を読んだり、ゲームをしたりしていた。子供達が寝た後は、ぼーっとしていることもあるが、勉強したり、色々話をしたりしていた。週末もそれなりに時間を有効活用していた。しかし、これからは少しずつ生活が変わっていくだろうと思う。どの程度までテレビを生活の中に入れるかは僕達次第だ。しゃちこばるのはもうやめよう。あればあったで、あることを楽しめばよい。

1986年5月5日（祝）

愉喜子は相変わらず、指しゃぶりをする。「するな」と指を引っ張り出すと、「わかった」と言って、隣の部屋に行って吸っている。

陽介は相変わらず、落ち着きがない。おやつにしろ、歯磨きにしろ、なかなか言うことを聞かない。注意すると「そんならゴシゴシして！」だ。

明海は背が伸びない。小さい組の陽介だって、決して大きい方ではないのに、まだそれより小さい。

しかし、3人とも元気だ。心配なことを取り上げたらきりがない。

●自転車に乗れるようになった

1986年5月18日（日）（T記）

子供達は朝早く起きて、朝食をすませると、すぐに外（19号館の広場）へ出て行った。お兄ちゃん2人が自転車のコマなしの練習を始めたらしい。そのうち、陽介が成功。明海は一所懸命挑戦するが、うまくいかない。午前中は〝（天理教教内一斉）ひのきしんデー（勤労奉仕）〟だったので、それが始まる頃にはおしまい。陽介が「ボクコマなしに乗れるねんで」と橋本君に言っている。橋本君が明海に「あっ君はできるんか？」と聞くと、明海は「いいや、できひんねん」と悔しそうに苦笑いをしながら言っている。「大きいのに、負けたらあかんやんか」と言われて、困っている。3階のベランダから見ていて、明海を助けてやりたくなるが、いつかはできるようになるだろう、力がつくのに任せようを思った。

家に戻ってきて、「陽君できるけど、ボクはできひん」「もっとやってみたら？」「でも、できひんもん…」と明海は言った。

〝ひのきしん〟からの帰り道、陽介が「早くコマなしに乗りたい」と言うと、明海が「陽君、ゆうたらあかん」と叩いた。悔しいのだろう。家に帰ってくると、昼もそこそこに2人とも外へ出て行った。必死になって練習している。

3時前、明海が「お母さん、ボクできた！　コマなしに乗れたよ！」と駆け込んできて言った。それはそれはニコニコとして。おやつを食べる間中もずっとニコニコしていた。「おやつ終わったら、お母さんに見せてね」と言うと、そそくさと食べ終えて、また外へ出て行った。ベランダから見ていると、2度3度バランスをくずしながらも、乗れていた。陽介はお尻を離して乗ろうとして、こけたらしく、擦り傷を作ってきた。でも、泣きもしない。良かった。

●娘と2人でお出かけ

1986年6月14日（父の日）

お兄ちゃん達は友達の所へ行っている。お母さんはおなかが大きい。彼女は僕に見たい映画があることを察して、「出かけておいで」と言ってくれた。すると、「わたしもいく」とゆっこが言う。「お母さん行かないよ」「途中で泣かないね」と念を押した。ゆっこは玄関で靴を履いて待っている。

電車に乗って出かけた。ずっと手をつないで歩いた。買い物をして、お好み焼き屋さんに入って、映画を見た。ゆっこにはちっともおもしろくないので、隣の椅子を上げたり、下げたり、ウロウロする。その度に周囲の目を気にして、「ゆきちゃん、こっちへおいで」と膝に乗せようとするが、するっと抜け出る。きわどいシーンもあって、やっぱり連れてこなければ良かったかな、とも思った。途中、トイレに連れて行って、休憩した後、また見ることにした。後半はすやすやお休みになったので、見たかった所は安心して見れた。

映画館を出て、また、トコトコ歩き始めた。ケーキ屋さんのそばを通った後、小さな声で「何か買って」と言う。よしよし、何か買ってやろう、という気になる。犬を散歩に連れているような気もしたし、すごく甘やかしてしまいそうな気もした。だだをこねるわけでもなく、泣くわけでもなく、物欲しそうにするわけでもない。あまり多くを語らず、ずっと手をつないで仲良く歩いた。好きなガムを買ってやって、買い物と映画に付き合ってもらった。

●お母さんのバカ

1986年7月3日（木）

今日、明海はブロックで作った鉄砲で陽介の頭をガンと叩いた。陽介は泣き出して、お母さんの所へ行った。陽介は何も悪いことをしていないので、「陽介、やり返してこい」と言おうと思ったりもしたが、その前に明海が「よう君、ごめんね」とあやまった。ついでに「お父さんごめんね、お母さんごめんね、ゆきちゃんごめんね」と付け足した。「手加減しなきゃ」とだけ明海に言った。そのうち、明海はふとんに頭を突っ込んだ、かなり長い間、突っ込んでいた。「あっ君、どうしたん?」などとは聞かず、放っておいた。

先日も明海が食器棚に上って、お菓子の入った缶を取ろうとして、お母さんに叱られた。「危ないじゃないの！　棚が倒れたらどうするの！」「お父さん、明海はこの前も引き出しを引っぱろうとして、上のラジオを落としたのよ」と言われて、明海は泣き出した。そして、「お母さんのバカ！」と言った。

「お母さんのバカ！」は甘えの裏返しである。親に叱られることがとても辛い。親に認められること、褒めてもらうことを求めている。自分を一番愛してほしい。だから、ライバルである弟を叩く。何かを持っていると、取り上げて自分のものにする。「陽介、折り紙上手だね」と褒めてやると、「ボクもできるよ」と誇示する。常に親の目を意識している。それは親に認めてもらえるいい子になろうとしていることを意味している。「いつまでもテレビを見ていないで、ごはん食べなさい」と言うと、先に食卓につくのはいつも明海だ。

親の目を意識し、親に認められるのを求めるのは、子供なのだから当たり前のことだ。しかし、明海は他の2人よりも親の目をより強く意識しているように思える。彼は小さい時から親の愛情をたくさん必要とする子だった。それは体質的なものも関係している。ひどいアトピー性皮膚炎があって、毎晩、背中を何時間もごしごししてやらねばならなかった。親としては、その子の求めに応じてやらねばならない。「ボクいい子でしょ？」と聞くのなら、「本当にお前はいい子だ」と褒めてやる。そして、その過程で、自分に自信がついてくるだろう。

「ボクはどうして陽君より小さいの？」と明海が尋ねた。1～2か月前、誰かに「陽君の方が大きいね」と言われて、「おんなじ」と応えていたが、今では自分の方が小さいことを認めている。「小さくてもいい。しっかり食べて、運動していれば、そのうち大きくなるから。小さくても、十分運動ができるし、走れるし、しっかり勉強しているから、それでいいんだよ」と答えた。「そのうちに大きくなるよ」と言ったことより、「小さくても、それでいいんだよ」言った言葉の方が、明海には嬉しかったのかもしれない。「ボクは小さくてもいいんだ、とお父さんが言ってたもん」と、お母さんに言ったらしいから。

「そのうち大きくなるよ」というのは、大きい方がよい、ということを前提にしている。小さかろうが、大きかろうが、明海はとてもいい子だし、とてもかわいくて、大事な子なんだよ、と言ってやること、体の大きい小さいよりももっと大切なことがあることを教えてやることが必要だ。確かに、背の高さを含めて、人と比較をすれば、足りないところが気にはなる。しかし、それよりも、その子が持っているもの、人間的であったり、人とうまくやっていけることだったり、五体満足だったりすることだけでも、十分喜べることである。

今日は6時過ぎに帰ってきたので、食事の前に風呂に入った。明海と愉喜子も一緒に入った。しかし、陽介は下へ遊びに行った。そして、みんなが風呂からあがってから、1人で入った。彼は濡れたままで、居間にやってきた。愉喜子でさえ、足を拭いて、体を拭いてから出ようとしていたのに、陽介はいつまでたっても拭こうとしない。「タタミが濡れちゃうでしょ。ちゃんとここでこうやって、足を拭いて、体を拭いて出てきなさい」と言って、「幼稚園じゃないんだから」と言おうと思ったが、よく考えてみれば、陽介はまだ幼稚園児だった。

1986年9月1日（月）

子供達が寝静まってから見ようと思っていたが、なかなか寝そうにないので、8時20分頃からテレビをつけた、〝ミスインターナショナル〟。1人で見ていると、明海がやってきて、「オッパイや」「オッパイや」「陽君、来てみ」と嬉しそうに言い、水着の谷間から少し見えるオッパイを見て喜んでいる。コンテストなので、「かわいいね」とか、「あんまり大したことないね」と、ちょっと話していると、明海までが、「かわいい」「かわいくない」と言い出した。その基準が僕らのものとあまり変わらない。5歳にして、これ。誰が教えたのでもない。親が喜ぶものは子まで喜ぶのか？　ませすぎないように！

「変な人」と、1人だけいた黒人を見てそう言った。「日に焼けてるの？」とも言った。「そんなこと言わないの。肌の色が違う色んな人がいるんだよ」と教えなければならなかった。黒人は被差別民族になりやすいが、子供にその萌芽があるのかと、考えてしまった。

1986年9月19日（金）

「これ、ボクとっとくの」と言って、明海が新聞のチラシ広告をテーブルに乗せた。ワコールのものである。「ついでにこれも」と乗せたのはカメラの広告であった。彼がテレビを見ているすきにお母さんがそれらを押し入れにしまってしまった。幼稚園へ行っている間に忘れてしまうだろうという算段である。ところが、帰ってくると、ちゃんと覚えていて、「どこにやったかな？」とお母さんに聞いている。お母さんが「知らんよ」と言うと、せっせと押し入れの新聞を積んでいるところを椅子に乗って探した。もうカメラのものなんかはどうでもよいらしく、ワコールの分だけをちゃんと見つけて、自分の引き出しの中にしまった。まだ、幼稚園なんだけど。

第4章 第4子誕生

お散歩　右側におやさと 19 号館（5 階建て）が見える
憲二郎と大地

●第4子（大地《だいち》）誕生

1986年9月28日（日）

夜中1時半頃、お母さんが「病院行くわ」と寝ているお父さんを起こした。12時頃から陣痛が15分おきぐらいになり、少量の出血があったからだ。お母さんは入院するのに必要な荷物を手際よくまとめた。病院に電話すると、「少量の出血なら心配はいらないから、もう1時間くらい待ちなさい」と言われた。しかし、だんだんと痛みの間隔が短くなったので行くことにした。

ところが、タクシーを呼ぼうにも、夜中の3時前ではどこのタクシーも営業していない。奈良の営業所に電話をかけてもだめだった。他の交通手段は自転車しかない。僕の方は心配していたが、お母さんは度胸がすわったのか、「乗る」と言い出した。えっちらおっちらと自転車を漕いだ。体重65kgと荷物が増えたものだから、タイヤがペコンとへこみ、ペダルはなかなか重い。

3時20分頃に病院に着いた。お母さんは着替えて、陣痛室に入った。僕も医師服に着替えて待つことにしたが、そうすぐに生まれるものではない。看護師さんが、「生まれそうになったら、呼んだげるから」と言ってくれたので心理治療室のベッドで寝ることにした。無事生まれるかどうかについてはあまり心配していなかった。

しかし、やはり緊張しているせいか、寝付けなかった。家で寝ている子供達3人のことや、すみちゃんや義母にいつ頃知らせようかとか、今日行く予定だったワークショップをどうしようか、とかが気になった。結局眠れず、7時前になって、産科病棟に立ち寄った。お母さんは陣痛室でハーハー息をしている。陣痛が1～2分ごとにやってきて、かなり痛そうだ。だけど、何もしてあげられない。都詰所に電話をしたが、ますみちゃん達は天理教本部の朝づとめに出かけていて、まだ帰っていなかった。伝言だけした。

とうとう生まれた。7時30分、３４８０g、男の子。「オギャー、オギャー」と泣いている。お母さんもほっとした顔をしている。

7時52分の電車に乗って、京都に行く予定だった。家に戻ってみると、ますみちゃんが来てくれていた。子供達は3人とも起きて、パンを食べていた。「赤ちゃん、生まれたん？」と明海も嬉しそうに言う。「やっぱり男の子やった」「ボクの言うた通りやろ」と言っている。ますみちゃんとどっちだろうかと話していたらしい。「お姉ちゃんとちゃんといい子にしててくれる？」と聞くと、3人共いい返事をしてくれた。ますみちゃんも留守を引き受けてくれたので、ワークショップに出かけることにした。やはり、眠い。

午後6時半に帰ってくると、3人の子供達は元気そうにしている。「お母さんがいなくても頼むね」と言うと、陽介が「まかしとき」と言った。みんななかなかいい子だ。「早く赤ちゃん抱きたいなぁ」と明海が言っている。今日、病院に行って面会をしてきたらしい。お母さんの顔を見ても、ぐずぐず言わなかった。ちゃんと食事をして、風呂にも入って、洗濯物をたたむのも手伝ってくれた。子供達は朝目覚めた時、両親がいなかったので、さぞあわてたことだろう。でも、ますみちゃんがすぐに駆けつけてくれ、めんどうを見てくれたので助かった。明日になったら、網干のおばあちゃんが来てくれることになっている。

1987年1月17日（土）

昨夜何だかんだと言って、なかなか陽介と愉喜子は寝なかった。明海は「早く寝なさい。またバスに遅れるよ」と言われたので、9時半頃には寝床についた。陽介は「もう起こしてやらないからね」「ごはん食べんと行きよ」などと注意したにもかかわらず、10時を過ぎてもウロウロしていた。ところが、翌朝、陽介は早く起きた。8時頃に目覚めた明海は泣き出した。「お母さんのバカ！」とふとんの中で言っている。なぜお母さんがバカなのか、何もお母さんは悪くない。「明海君、夕べはちゃんと早く寝たね。陽君達はぐずぐずしてたのに、お兄ちゃんはさっさと1人で寝たね。それはそれで偉いんだよ」と評価してやった。すると、機嫌よく出かけた。

●陽介の怖がり

1987年2月15日（日）

「お兄ちゃんが、お兄ちゃんが変なことした！」と陽介が血相を変えて、泣き叫んでいる。一体何事が起きたのかと思うと、明海がガスストーブをいじっていて、バーッと炎をあげたらしい。それを見て怖くなった陽介はお母さんに言って、机に向かって本を読んでいる僕の所まで来て泣いている。明海は、ハハハ、陽介何言うてんの、てな顔をしている。一応危険なことなので、明海には厳重注意をした。

その間に、陽介は泣きながら、外へ出た。怖さが続いて、家の中に居られなかったようだ。19号館の建物の前にある水道施設の周りをウロウロしている。お母さんに「大丈夫だから上がっておいで」と何度も言われてようやく泣きながら、「お兄ちゃんが変なことした」と言いながら、戻ってきた。

確かに怖いことではあるが、その怖がり方は神経症的だ。もともと、映画館やお地蔵さんを怖がっており、テレビを見ていてもハラハラする場面では隠れてしまう。普段の大胆さからは想像できないほどだ。

●小学1年生

1987年5月2日(土)

明海が小学校に通うようになった。一番とまどっているのは、お父さんだろう。それまでは、7時半に起きれば、悠々と仕事に間に合っていたのに、明海が6時に起きて、6時45分には「いってきまぁーす」と出かけるので、ゆっくり寝ておられない。明海が起きる前に、お母さんが起きて、朝食の用意をし、「今日は○○を持って行かないといけない」などと、明海と色々話をするので、否が応でも目が覚めてしまう。

今までは、朝はバタバタして出かける、という習慣だったのに、1時間半も早く起きると、何をしてよいかわからず、手持無沙汰になり、仕事に出かける頃には気がゆるんでしまう。朝だけならまだしも、早く起きる分、早く寝ないといけない。夜8時前に帰ってくると、子供達の寝る時間と僕の夕食が重なり、子供達も寝られなくなってしまって、すこぶる調子が悪い。

19号館のそばには市立の前栽小学校があるのだが、家内の希望で、天理小学校に通わせている。天理小学校へ行くのには、1駅電車に乗って天理駅まで行き、そこからまた結構歩かなければならないため、早く出かける必要がある。明海は朝早く起きることも歩くことも苦にせず、さっそうと出かけ、お母さんは「早く仕事が済んでいい」と言っているが、お父さんだけがまだ新しい環境に慣れないでいる。ちなみに、陽介はお兄ちゃんのランドセルがうらやましくて、さかんに背負ってみては、「いってきまぁーす」とまねをしている。

陽介と明海が4月から水泳教室に通い始めた。きっかけは、陽介が駅のスイミングクラブの看板を見て、「ボクも行きたい」と言い出したことである。陽介が行くなら「ボクも行く」と明海が言い、2人は週1回バスで迎えに来てもらっている。元気の有り余っている2人には少し運動をして、疲れさせるのがよい。

明海は風呂場ではさかんにもぐりをして遊んでいたので、明海の方が水泳はだいぶうまいだろうと思っていたが、2人の話によると、〝自転車こぎ〟という名前でプールの中を歩いたりするのは陽介の方が速いらしい。やはり陽介の方が体力があるのか？

今日もゆっこが「起きれるよ」と言って、腹筋運動を始めたのをきっかけに明海も挑戦した。1～2か前にした時、陽介はできたのに、明海は必死になって頑張っているのだが、起き上がれなかった。ところが、今日は何と20回もできたのであった。陽介は軽く20回した。「陽君は頭が軽いからな」と明海が負け惜しみを言う。そう言うのは、前回、体重ないし、手足の太さに比べて、頭が相対的に重い明海に、「あっ君は頭が重いのでできないんや。またがんばったらいい」と言っておいたからだ。

愉喜子のおねしょが治りかけた。昨夜は12時頃にごそごそ起きてトイレに行っていた。しかし、指しゃぶりは変わらない。明海や陽介が「赤ちゃんみたいや」と言って、指をはずそうとすると、「あかんで、チュチュせんと寝られへんのやから」と言う。口では負けていない。特に、陽介に対しては、「そんなことしたらあかんやろ」とか何とか言ったりして、どちらが上かわからない。しかし、力では負けるので、すぐに泣く。

ゆっこは1人であっても、色んなところへ行きたがる。「おばあちゃんと一緒に網干に行くか？」と聞くと、お父さんやお母さんは残るのに、さっさと行ってしまった。「この子よう歩いたで」とおじいちゃんが言った。手をつないでもらって、シャカシャカと歩いたのかもしれない。ちゃんとそばに静かにいて、何かをねだるわけでもない。それに、まだ3歳だが、何も言われなくても、汚れた服を自分で脱いで、タンスから新しいもの出して、自分で着るから、おじいちゃんやおばあちゃんにもきっとかわいがられたことだろう。

１９８７年7月13日（月）

大地がつかまり立ちができるようになった。お父さんがいると、ごそごそと寄ってくる。知らん顔をしてよそへ行くと泣き出す。抱いてやると、お父さんの顔など見ないで、他のものに手を出そうとする。頼れるもののそばにいると、安心して探索行動ができるのであろう。

昨日、子供達３人を連れて、自宅から３㎞弱の所にある長柄のプールへ連れて行った。明海と陽介は自分達の自転車に乗せた。これまで、天理まではそれぞれの自転車を運転させて行ったことはあるが、遠出をしたのは初めてだ。裏道がなく、車も多いので気が気じゃなかった。

水泳教室で練習している成果があって、明海はバタ足で５ｍ泳げた。陽介は元気一杯で飛び込みはするが、フォームは悪く、バタ足の膝は曲がっている。愉喜子はまだ顔をつけるのを嫌がる。ひたすらお父さんの背に乗りたがるのみ。しかし、無理矢理ジャブンと入れると、嫌がりはするが、それほど泣かない。

１９８７年7月14日（火）

将棋の盤を買ってきた。室生村の松井さんの所へホタル狩りに行った時、将棋で遊んでもらったので、子供達はよく覚えている。お母さんに頼んだら、盤だけを買ってきた。明海はその盤を持って、積み木を駒代わりにして、遊び始めた。松井さんのところで教えてもらった〝歩あがり〟である。明海と陽介は風呂に入るのもそっちのけで必死になっている。数が数えられない愉喜子も仲間に入り、言われるままに、駒代わりの積木をふっている。

●大人の都合良いようにばかり子供を育てられない

1987年9月15日（祝）

陽介！　早く寝なさい！

陽介！　部屋の中でそれ（子供用足蹴り自動車）乗っちゃダメ！

陽介！　足拭いて出てきなさい！　何度言ったらわかるの！

今日も橿原神宮へ遊びに行ったが、陽介は少し歩くと「疲れた」と言い、おやつを買ってやると、すぐに食べてしまいそうになり、「着いてから」「今ごはん食べたとこでしょ」と言わなければならない。神宮の建物を見ていると、「こんなとこイヤ！」と言ってみたり、子供の遊べる遊園地があると、「もっと遊びたい」と言ってみたりして、連れて歩く親にとっては勝手な行動が多くてかなわない。「ちゃんと言うことを聞かないと、もう連れてこないよ」と脅す。言われても気にせず、「アイスクリーム買って！」「ジュース買って！」「鉄砲買って！」「本買って！」などと言う。陽介はほんとにうるさいなぁ！と思ってしまい、なぜもっと、聞きわけのいい子にならないのか、と思ってしまう。

しかし、それは親の勝手な言い分である。子供には子供の欲求があり、それぞれの性分ややり方がある。全く親の言う通りにする子なら、親を乗り越えられない。陽介のこの言うことを聞かないことは、とりもなおさず、活動性の強さ、好奇心の旺盛さの裏返しである。帰りの電車の中で、アメリカ人夫婦と隣り合わせになった。僕が〝Where are you going?〟とか何とか話していると、陽介が「何話してんの？」と興味を持ち、〝How old are you?〟と聞かれて、「Five って答えるんだよ」と教えてやると、「Five」と言って見たり、大地をさして、「One」と言ったりする。この積極性は大事にしてやりたい。

1987年10月23日（金）

「陽介！　こっちへ来なさい！　これ何するもんだと思ってるの？　お父さんにも聞かずに使って、ダメでしょ！　わかった？」「はい」

明海が親の口調とそっくりに陽介を叱っている。そして、陽介が素直に「はい」と応えている。

●誕生日プレゼント

1987年11月6日（金）

誕生日が近づいてくると、嬉しそうに「誕生日にチェンジロボ買って」「ラジコン買って」「怪獣買って」「○○買ってよ」と言う。「○○を買ってあげる」とは応えず、「わからない」としか言わない。10月20日に僕の叔母の見舞いに県立奈良医大へ行った帰りに、おもちゃ屋さんに立ち寄って、「お前達何がほしいか？」と聞いていた。彼らは嬉しそうに物色した。あまり高いのはダメだ、と言っているから、明海は値段を考慮に入れている。その日に買うと、誕生日まで待ちきれなくなるだろうから、買わなかった。

11月5日は明海の誕生日で、明海がプレゼントを期待していることはわかっていた。仕事から帰ってきて、明海の催促に、「はい、これ」と小さな包み紙を渡した。陽介は「ちいさー！」と言った。しかし、明海は嬉しそうにした。「ハッピーバースディをする時までおいといて」とケーキが準備できるまで、その包みを開けるのを待った。開けると、450円のチョロQだが、レーシングカータイプで、「カッコイイー」と喜んだ。実は、ラジコンも買ってきていた。「はい、これだよ」といきなり喜ばせてやろうかとも思ったが、チョロQを出すタイミングを失ってしまいそうだし、明海の反応を見たくもあった。もらったプレゼントにけちをつけるかもしれないと思っていた。けちをつけるのなら、「もらえない人もいるんだよ」云々と一言二言言ってやるつもりであった。

ラジコンを見て、大喜びをした。チョロQはあっさり陽介にあげた。「外に出して見せびらかしてはだめだよ。人にも貸してあげなさいよ」という言葉にも従って、大事に使っている。

1987年11月8日（日）

テープから流れる音とはずれしも　我が子は負けず声の大きさ
部屋中にうんこばらまき幼児《おさなご》は　そしらぬ顔でパンをほおばる

明海と陽介がテープに録音したテレビの主題歌を音楽に合わせて大きな声で歌っている。そして、大地がオムツからこぼれ落ちるうんこを気にせず、自分の好きなことをしている。

10月中旬に台風が上陸した時、ベランダの鉢やプランターが風で吹き飛ばされないように部屋の中に入れてやろうか、と言うと、陽介はせっせと手伝ってくれた。もうこれはこの辺でいいよと言っても、ちゃんとしようとした。今年の早春、19号館のそばにある川のゴミ拾いをしていると、陽介が親を見つけるや否やせっせと手伝ってくれた。

また、同じ19号館に住む梅田先生の奥さんから、「私が引っ越ししてきた時、初めて声をかけてくれたのが陽介君で、『おばちゃん、歳いくつ?』と聞かれた」という話を聞いた。まだおばちゃんじゃないのに、と思われたそうだが、可愛いと言ってくださった。家の中ではやんちゃ坊主だが、外ではものおじしない性格が好まれるのかもしれない。

●愉喜子のけが

1987年12月26日（土）

愉喜子がお父さんの自転車の後ろに乗って天理駅まで行く途中、スポークの間に足をはさんだ。段差のある所を上がった直後である。ごめんね。お父さんが「危ないから、こっちへ足をやったらだめだよ」とちゃんと言っておけば良かったのに。小さい愉喜子にそんなことわかりはしないのだから。以前、明海や陽介を乗せる時には注意したことがあるけれど、乗せるのに慣れてしまっていて、ついつい気がゆるんでいた。

お父さんは仕事があるので天理に残り、お母さんと子供達はおばあちゃんと一緒に、姫路行きの専用列車で網干に帰った。

足のことがちょっと心配だった。裂傷で出血はそれほど多くなく、骨には異常がないと思ったけれど、傷のある周りの骨を抑えると痛がるし、左足で立とうとしなかった。抱いて列車に入ると、おばあちゃんが準備よろしくバンドエイドをバッグから出してくれた。

「がまんしいや、泣いたらあかんで、ゆきちゃんもう4歳やろ」と陽介が励ました。

火急の事態になると、はっと光るものを見せてくれるね、陽介君は。


9か月前、陽介は左の人差し指が半分ちぎれかかるほどの大きなけがをした。あわてたお母さんが病院に連れてきて、形成外科の楠本先生にお世話になった。その時、陽介はとても泣いた。出血がひどく、縫合が必要だったが、処置を嫌がり、おとなしく指を出さなかった。

「ちゃんと縫ってもらわなきゃダメだよ！　指が取れてもいいの⁉」「泣かないの！　ちゃんと手を出して！」

僕は真剣に、繰り返し言った。陽介はしばらく暴れた後、「ほな、ちゃんと見せてくれる？」と言った。

注射されるのも、縫われるのも怖いけれど、指が取れてしまうのは困るということが何となくわかったのだろう。縫われるところを自分の目で確かめることで、妥協した。

このエピソードがあるので、陽介は愉喜子にそう言ったのかもしれない。

「お父さん、はよこっち来て」と、陽介が列車のドアの前に立って、まだ列車の中に留まっている僕に早く列車の外に出るように促した。エンジンがかかっているのに、列車の扉が閉まってしまうと大変だと心配したのだろう。発車の時刻まではまだ7～8分あったが、何度も言われるので従った。

車窓の外に立った。大ちゃんまでが、窓際に来て、ニッコリ笑ってくれる。4人の子供達が手を振った。

「バイバーイ」

「いってらっしゃーい」

●大地の自己主張

1988年1月20日（水）

大地君（1歳4か月弱）が大分自己主張をするようになった。今まではただ泣くばかりであったが、最近は親にわかるように〝イヤ〟をする。年末から耳だれがあって、耳鼻科に行くと、中耳炎と診断された。薬を飲まそうとすると、顔をそむける。食べ物も同じ。豆や甘いもの、ごはんには口を開けるが、食べたくないものには顔をそむける。風呂から早めに出そうとすると泣いて怒る。

今日もお母さんが、早めに寝かそうとおぶると、泣いて嫌がる。もっと遊ばせろというのだ。

お兄ちゃん達はもう寝た。最近は愉喜子も遅くまで起きていたりすることなく、大地だけが夜遅くまでごそごそしている。遊びたいおもちゃを片付けられると、それを取ってほしいとせがむ。お兄ちゃん達の引き出しを開けては、ガムや鉛筆やらをひっぱり出す。「ダメよ」と言っても、何度も繰り返す。机の上に上がって、探索行動に余念がない。

今兄弟の中で一番目が離せない。無理に寝かそうとすると、夜中にぐずったりする。放っておいたら勝手に寝ている。子供達にとって、寝るよりも起きていることの方が楽しいようだ。大人が「もっとゆっくり寝たい」なんていうのは、生活に疲れているからかもしれない。

「早く寝なさい！」と口癖のように親は言う。「明日起きられないでしょ！」

親としては子供達に早く寝てほしい。それは静かな時間がほしいから。

明海は学校があるということを知っているから、いつも一番先にふとんに入る。陽介は本当はもっと起きていたい。こないだまではなかなか寝なかった。すると、明海が「ボク一人で寝るのイヤ」と言って、起き出してくる。親としては、陽介も一緒に寝かせるしかない。朝、お母さんが寝坊したりすると、明海はシクシク泣いている。「泣いてないで、サッサと服を着なさい」「お母さん、明日早く起こしてや」。明海はまじめだ。

愉喜子は「あいうえお教えて」とよく言う。お兄ちゃん達に刺激されて、自分も読み書きができるようになりたいと思うようになった。覚えはあまり良くないが、その気持ちだけは大切にしてやりたい。

陽介はカタカナも読める。明海は上手に本が読めるようになった。小学1年生になると、宿題が結構あって大変だ。日記も毎日書かないといけない。

もらったお年玉はそのまま彼らに持たせている。財布をそれぞれ持っていて、自分はいくらいくら持っているか数え、大事にしている。

1月15日の結婚記念日に奈良へ行った。梁山泊で食事をしたのだが、その前にショッピングをした。子供達にも「100円以内で何か買いなさい」と言うと、みんなそれぞれ真剣に選んでいる。買ったお菓子を一番先に食べ尽くすのは陽介で、最後まで大事に取っておくのは明海だ。

●机が1つしかない

1988年1月20日（水）

今年から陽介も小学校に入る。「お父さん、机買って」と陽介が言った。「買わない」「たけちゃんとこ、明日机来るって言ってたよ」「人は人、2人で仲良く使いなさい」「お父さんなんか中学生になるまで買ってもらえなかった」

明海は机に向かってよく宿題をしている。本も立てている。陽介だってほしいのはよくわかる。けれども、無ければ無いで工夫するもの。有るものの中で、何とか工夫してやっていくことは学校の勉強以上に大切なことだ。最初から有ることに慣れていると、無いことに対して非常に不満となる。最初、無いことに慣れていると、有ることが非常な喜びとなる。今は物が有り余っている時代だからこそ、このことは大切だ。特に、子供時代に育った環境は大きくなった後でも大きく影響する。どんな状況に置かれても、その中で上手にやっていくこと、不足に思わず、喜んで通れること、このことをきっちりと体得していてほしい。適応性と柔軟性、これが生きていくうえで最も大事なことだから。

机を２人で共有することになれば、明海が優先権を持とうとし、陽介ががまんを強いられるかもしれない。陽介はそれに慣れているので、何とかやっていくかもしれない。もし、陽介が負けじと自己主張すると、けんかになる。神様は平等に見ている。明海が机を占領し、陽介が違うところに押しやられるという状況が続くならば、新しい机は陽介に与えられるだろう。その時、明海は今まで使っていた机なんかよりも、新しいのがいいと言い出しはしないか、それを心配している。明海が陽介にも譲ってやる気持ちがあるならば、新しい机は明海にも与えられるだろう。

●身の安全を守る本能

１９８８年４月10日（日）

子供というのは本能的に自分の身の安全を守ろうとするのだろうか？

天理市のはずれに住んでいる徳次兄さんの家からの帰り、畑でレンゲ摘みをした。お母さんも畑の中、明海、陽介、愉喜子達も畑の中で走り回っている。大地だけが、舗装された道路の上で遊んでいる。お母さんのそばがいいだろうと思って、畑の中へ連れて行き、降ろすと泣き出す。地面がデコボコしていて、不安定なのだろう。道路から畑に続く所に、農耕車のための鉄板が敷いてあったが、大地はその鉄板の道を下りようとする時も、決して立ったまま下りるのではなく、腰を下ろして、足から這うようにして下りた。転ぶと、頭から落ちそうで怖いのだろう。先日、散歩に行った時も、坂道を下る時は同じように足から這って下りた。

そんな風に大事をとる割に、深い溝のそばまで近づき、平気で下を覗いたり、草を投げ入れたりする。見ている方はハラハラして、「危ないからこっちへ来なさい」と言ってしまう。危なさは親と子では違うようだ。彼らにとっては視覚よりも体感が重要なのだろう。

●机が届いた

1988年4月10日（日）

徳があるのだろうか、それとも、しっかり勉強しなさいという意味なのだろうか。陽介には机を買ってやらないつもりだったのに、入学式の当日に机が届いた。木下プラザ（家具店）に捨ててあったものを、友達のスーザンが見つけ、もらう手はずを整えて、彼女のご主人がトラックで運んできてくださった。助手の人と一緒に、あれよあれよと思っているうちに、3階の子供部屋まで持って上がってくださった。明海の場合もそうだった。どこかのお古を徳次兄さんが届けてくれた。うちは何もしないのに、2人の子供に机が届く。全く感心してしまう。

1988年4月12日（火）

「お母さん、今日日曜日？」。日曜日でないことがわかっていながら、陽介が尋ねる。「眠たいからもっと寝ておきたい」「お母さん、隣に寝てくれるって言ったじゃない」と、両親が寝ている北の4畳半に来て、ふとんに潜り込むのである（明海と陽介は学校が始まった日から、南東の6畳の部屋で寝ている）。要するに学校へ行きたくない。まだ授業は始まっていない。どうやら厳しくされるのが嫌らしい。それでも、何とか出かけた

朝方になると、いつも陽介が北の4畳半に来る。来なかったのは最初の1日だけだ。「背中かいて」と言うからかいてやる。でも、ふとんの中に入ろうとすると、「あんたの場所ないよ。向こうで寝ておいで」と言う。けれども、「おなか痛い」と続ける。あるいは、「お母さん、おしっこ」と言う。おしっこに行きたいのなら、わざわざ部屋に来なくても、直接トイレに行けばよい。陽介君にとってはまだ寂しい。少し不安もあるのかもしれない。

1988年6月2日（木）

大地君がだいぶわかってきた。「お風呂に入ろうか」と言うと、風呂場に行って、服を脱ごうとする。「これお母さんにどうぞして」と言うと、渡してくれる。「クチュクチュしようか」と言うと、歯磨きのために仰向く。しかし、「ズボンとっておいで」と言うと、本を持ってきた。

愉喜子が自転車に乗れるようになった。先日、14インチのお古をもらったとたん手足に赤いあざをつけながら、練習したのであろう。その日はまだヨロヨロだったが、翌日には大分上手に

なっていた。
明海と陽介は相変わらず朝からけんかをする。「アホ、バカ、○○」と陽介が捨てぜりふを言う。

大地の中耳炎が再発。3月頃から耳だれがあり、4月中旬には高熱を発して、髄膜炎かと心配した。陽介は慢性副鼻腔炎と中耳炎。明海は4月でスイミングをやめて、お絵かき教室に通い始めた。陽介も行きたがり、最近は愉喜子まで行きたいと言い出した。

1988年6月21日（火）

お兄ちゃんやお姉ちゃんはもうとっくに寝た。お母さんも寝た。大地君だけが、1人ごそごそしている。午後9時30分。しぐさのひとつひとつがかわいい。機嫌よくしているせいもあるだろうが、ちょうど一番かわいい年頃なのかもしれない。

3日前に丸坊主にした。陽介の散髪を見せたあと、大地を座らせると、素直に従った。もちろん途中で嫌がりはしたが、最初は喜んでいた。3月に胎毛筆を作るために丸坊主にした時、「かわいい、かわいい」と言われたことも影響しているかもしれない。

竹の定規を持ってくるように、明海は学校で言われた。竹製のがないから、同じ30㎝のプラスチックのでよいと思う。ところが、明海は竹のじゃないと嫌だと言い張る。「お父さんにこれ持って行きなさいと言われました」と言いなさいと言っても「イヤだ」である。「叱られたら、お父さんが責任を取ってあげる」と言っても、「イヤだ」と言う。頑固というか、先生の言われることに素直というか、父には反抗する。

●大地の強引さと欲張り

1988年7月17日（日）

10時のおやつにチューペット（氷菓子）を食べた。大地は自分のを食べ終わって、ゆっこがまだ食べているのを見て、それを取りに行く。ゆっこが手を払いのけようとするのをものともせずにかかっていく。「大ちゃん、自分のを食べたでしょ」と言われて泣き出し、その後もごねている。

ふとんの上で、ゆっこと電車の絵本を見ていると、リビングにいた大地が「でんしゃ、でんしゃ」と言いながら、ゆっこの読んでいる本を取ろうとする。昨日の晩も、明海とおもちゃの車で遊んでいると、大地がやってきて、その車を取る。お兄ちゃん達の持っているものまで、取り上げようとする。お兄ちゃんは「大ちゃん、これと替えて」と言うが、大地は「あかん」と譲らない。

●「バーカ」

1988年10月16日（日）

こういう言葉だけはしっかり覚える。「アホ」まで知っている。家ではそんなに使っている覚えはないのに。数日前、大地がわざわざお父さんの部屋まで来て、「バーカ」と言った。今日は子供椅子の肘おきに立ち上がり、危ないから注意すると、「バーカ」。

●強情さと素直さ

1988年12月11日（日）

将棋を明海と対戦する時、陽介は〝歩〟をやみくもに前進させて、取られに行ったり、盤の一番先端にうったりするなど、全く意味のない悪手をうつ。けれども、「そんなことしたらあかん」といくら教えてやっても、「いいねん、いいねん」と言って、聞かない。先人の教えや忠告を全く無視して、自分の意見を押し通す。自分らしさ、個性が出て、いいわけだけれども、進歩は遅い。結局、3連敗して、「もういっちょ、もういっちょ」と言っている。

それに比べて、明海は指示によく従う。むしろ、「どうしたらいいの?」と頼りにし過ぎるくらい。「自分で考えなさい」と言うと、自分なりに指すから、〝し過ぎる〟まではいかないかもしれない。それにしても、対照的。さて、強情さと素直さ、どちらが成功するか?

けがと病気が絶えない

1988年12月17日（土）

明海が彫刻刀で左人差し指を切り、大地が自転車で転んで、額をけがし、かなり出血した。陽介がおたふく風邪になり、子供達全員にうつった。

1989年1月8日（日）

お正月に明海と陽介にトランプの〝大貧民〟を教えた。2人ともしっかりカードの出し方を理解し、1番になれると大喜びし、何度も「しよう、しよう」と言った。愉喜子も何とか覚えた。オセロも教えたが、明海は将棋と共に、結構強くなった。

子供達は覚えるのが速い

1989年1月22日（日）

明海は日記を書き、陽介は書きとりの練習をしているので、ゆっこも勉強がしたくなり、「漢字教えて」と言う。「漢字はそのうち学校で習うから、英語を教えてあげる。お兄ちゃん達もまだ書けないで」と言って、ABCを教え始めた。ゆっこはへたなりにABCと書いていく。自分の勉強が終わると、明海は「ボクも教えて」と来て、当然、陽介も来る。大地までが、「ボクも書いて」と紙を持ってくる。AからZまで書いて、教えた。「見ないで書いてごらん」と言うと、明海はひらがなをうって、一生懸命覚えようとする。

これは昨日のことで、今日もまた、明海が「ローマ字教えて」と言う。「もうAからZまでは覚えた」と言う。まだ不十分なところはありつつもかなり順にそらで書ける。A I U E O, KA KI KU KE KOを教えた。WAまでいって、BA PA DAもつけ加えた。「じゃあ、おかべと書いてごらん」と言うと、OKAまでは書けるが、BEがすぐにわからない。「教えて」「明日まで自分で考えなさい。応用問題だ」すると、CBとかBAとか色々書いて、「これじゃあおかしい？」と聞く。「違う」「これは？」「合ってる」「わぁ、そう？」と大喜びしている。「陽君に言うたらあかんで」一生懸命そらで復習している。

陽介は陽介で覚える。少し時間的に遅れて、A I U E OとKA KI KU KE KO、それから、SA TA NAと順に書いてやった。子音に母音をつければその音になると理解するのは速かった。OKABE YOUSUKEと書けるのにそれほど苦がなかった。

結局、2日でローマ字はほとんど覚えたことになる。明海は努力家で、一生懸命努力する。そして、陽介はついて行く。彼らはものを覚えることを遊びのひとつとしてやってのける。

「明日も休みだったらいいのになぁ」と陽介が夕食を食べながら言う。
「ちゃんと学校へ行ってるから、休みが嬉しいんだよ」と応える。
「そうだよ」と明海がわかったように相づちを打ってくれる。

「やることをちゃんとやるっていうのが大事なんだよ」

●ぼくもやりたい

1989年1月26日（木）

「ぼくもやりたい」

「ぼくもやりたい」

「ぼくも、ぼくもやりたい」と草木も眠る午前2時半、大地が泣く。

「何がやりたいの？」「どうしたの？」とあやしても、

「ぼくもやりたい」

「ぼくもやりたい」と泣き続ける。よっぽど、お兄ちゃんやお姉ちゃんのやっているのを見て、自分もやりたいと思っているのだ。それだけ、上を向いていて自分の意欲、意思が出始めている証拠ではある。

大地君だけが特別に可愛がられている。お母さんによく抱かれているけれど、お兄ちゃんやお姉ちゃん達も本当はもっと大地君のようにやっぱり抱いてもらいたいし、やさしくしてほしいと思っているんだよ。

１９８９年３月１７日（金）

「お父さん、〝ハイスクールらくがき〟やるで」と、陽介が教えてくれる。あまりテレビを見ない僕が好きな番組であることを彼は知っている。金曜の９時から始まる番組なのだが、子供達も起きて見る。陽介はふとんの中から出てきて、「お父さんの所がいい」と膝に乗ってくる。早く寝ればいいのにと思うが、無下にも言えない。そのうち、やわら陽介がお茶を入れ始めた。コマーシャルでお茶を入れるのによいポットが宣伝されていたのに刺激されたのだろうが、自分が飲むのかと思いきや、お父さんに出してくれたのであった。

何気なく見せてくれるやさしさが嬉しい。

●お父さん嫌い？

１９８９年３月１９日（日）

何でも「だいちゃんの」と、独り占めにしようとするので叱った。すると大地は泣き出した。泣き出しても、「ダメなものはダメ」と言うと、「おとうちゃんのバカ！」と言う。それで、「大地君、お父さん嫌い？」と聞いてみた。すると、泣き止んで、困った顔をしている。明海や愉喜子がその会話を聞いていて、「嫌いだと、お誕生日のプレゼント買ってもらえないよ」と言う。もう一度「お父さん嫌い？」と聞いた。ニヤッと笑って、「すき」と答えた。

1989年5月12日（金）

午後9時半頃、一旦眠っていた大地がぐずり出した。「おみず」と言うので、水を用意すると、「牛乳」と言う。次は「ビーダマ、ビーダマ」と泣く。そばで寝かかっていた愉喜子がやにわに起きて、何をするかと思うと、ビー玉を持ってきた。お母さんがそれを大地に渡しても泣き止まない。それどころか、それを投げつけた。「いらないんだね」「いる」「じゃあ、自分で取ってきなさい」「お母さん取って、ビーダマ」と泣き続けた。お父さんが「もう放っとけ」と言い放つ。

その後もビービー泣き続けたので、子供部屋の戸を閉めると、ドアをドンドン叩く。「うるさいね、ゆきちゃん寝られないでしょ。また外へ行くか」と叱る。大地はおとなしくなった。しかし、お父さんがその場を離れると、また泣きながら、「お父さんのバカ」と言って、お母さんのところへ行く。「お父さんに叱られたのは大ちゃんがうるさく泣くからでしょ」「ビーダマとって」「自分で取りなさい」「お母さん取って」「自分で取りなさい。大ちゃんのでしょ」。そのうち、愉喜子が取ってくれた。「ありがとうは？」「ありがと」

1989年8月20日（日）

一昨日、お母さんが息苦しいと言い出した。今までほとんど寝込んだことのないお母さんだが、ヒューヒューと息の音がする。その夜、陽介もコンコンと咳をし、ヒューヒューと鳴り、「背中を叩いて」とやってきた。お母さんの背をさすり、陽介の背をさすり、一晩中あまり眠れなかった。その翌日もお母さんは一日中苦しそうに寝ていた。陽介も寝ていた。その日の夜も陽介の喘鳴はだいぶ軽くはなっていたが、夜中に起きては「背中たたいて」とやってきた。

ところが今朝の6時頃、少し元気になった陽介は隣の部屋で大きな音でテレビをつけた。

「あほか！　自分がちょっと元気になったからといって、みんなまだ寝てんだぞ‼」

陽介は前日一日中寝ていたので、退屈だったのかもしれない。しかし、お父さんは2晩お前のおかげでほとんど眠れていない。病気の時はできる限りのことをしてやろう。だけど、自分のことだけしか考えていないというのは叱り飛ばさねばならない。

●お小遣い

1989年8月21日（月）

明海が「誕生日のプレゼントはいらないから、毎日10円ちょうだい」と言った。陽介は「プレゼントいらないから、その分お金でちょうだい。（余ったお金で）別のん買えるやろ」と言った。

小学2年生は2000円、3年生は3000円にすることにした。誕生日に一度にほしいか、月々200円ないし300円（1月と2月はお年玉をもらえるのでなし）をもらうのと、どちらがいいかを尋ねた。明海は月々がいい、と言い、陽介はあれこれ考えた後、「お兄ちゃんがもらっている時に自分がもらえないとさびしいから、月々にする」と答えた。

「決まったで、ええか？」「いいよ」

●おへそを舐める

1989年10月13日(金)

変なことを言ってしまった。「おへそ舐められたら、何でも買ってやる」

愉喜子はクマさんの氷かき、リンゴジュース、イルカの浮き輪、リカちゃん人形。陽介は○○、明海は××。

「買ってや」「○○買ってや」と言って、3人は必死になってへそを舐めようとする。どうせ舐められっこないし、柔軟体操になっていいだろうと思った。ところが、愉喜子は結構柔軟で、手で腹を持ち上げたにせよへその周りの皮膚を舐めた。舐めた以上約束は守らねばならぬ。もう夏が過ぎて、クマさんの氷かきもイルカの浮き輪も売ってないかもしれないけれど。

●車

1989年10月10日(祝)

レンタカーを借りて曽爾高原へ行った。子供達は車に乗れるので大喜び。

「お父さん、安全運転でお願いします」と明海と陽介が言い、ガソリンスタンドを見る度に、「お父さん、ガソリン入れたら?」と言う。「ボクも早く運転したいなぁ」と陽介が言う。

青蓮寺湖でお弁当を食べたが、食べ終わると、さっそく「ボク車のとこ行っていい?」と陽介が言い、明海や愉喜子も追随した。しかたなく出発。
「いい車やな」「同じの買ったら？」と彼らはさかんに言う。

車の便利さは認めるが、買わない方がよい。車を持つことは加害者になることだから。事故を起こして人に危害を加える、ということだけではない。車の出す排気ガス、騒音、消費する石油エネルギーや鉱物資源などが、人や地球に害を与え、さらに狭い日本をより狭くする。道は公共のものなのに、車に乗ったとたん、〝大名のお通り〟と言わんばかりに、歩行者や自転車を道の端に押しのける。そして、ついつい路上駐車して道を占拠する。電車やバスや自転車で十分用を足せるのに、便利さの故に車に頼る。

歩いて駅や停留所まで行って、電車やバスを待って、揺られて出かけるというのは手間がかかって大変かもしれない。しかし、そうやって出かける方が、車でただ目的地まで行って帰ってくるよりも、出かけた実感が残る。会話も多くなり、出会う人や物が多くなり、足も鍛えられる。もちろん、どうしても自家用車が必要という場合もあって、その時は持てば良い。しかし、持たなくてすむのなら、持たないでおきたい。

●小3に負けた

1990年1月21日（日）

明海とマラソンをした。19号館を出て、井戸堂に向かい、西に折れて嘉幡町近くまで行って帰ってきた。往復約4・7㎞。往路は何とか並走したが、復路になるともうダメだった。明海は平気な顔をして、どんどん走るのに、こちらはだんだんバテた。

今日は明海がお父さんを追い越し始めた記念すべき日だ。

●ボクの責任重大やな

1990年5月22日（火）

明海のために自転車を買った。20インチ、ジュニアスポーツ。ところが、ギアチェンジがうまくいかないので、ジャパン（安売りショップ）へひきとってもらいに行った。「次はボク乗せて」と陽介が言うので、「返すから汚したらあかんで」と言ったうえで、陽介がその自転車に乗り、返しに行った。

途中、埋め立てた場所があり、いつもはそこを横切っているのだが、そこを通ると汚れそうだったので、そこを避けて大回りではあるが、きれいな道を進んだ。ところが、陽介はいつもの調子でその場所を横切ろうとした。「陽介！　汚れるからこっちを通ろうとしてるのに！」とたしなめた。それを聞いて、陽介はあわてて方向転換しようとして、水たまりに入ってしまった。しっかり泥で汚れてしまった。「だからお父さんはわざとまっすぐに行ったのに」。ティッシュでタイヤを拭くが、泥はなかなかすっきり取れなかった。

「ボクの責任重大やな」と陽介が言った。

どこまで責任を感じているのだろう？　前にも一度同じ言葉を言ったことがある。「子供のしたことは親の責任だから」と親が責任を取ろうとしたり、「自分がやったことはちゃんと自分で責任取りなさいよ」と口癖に言ったりしているからだろうか、そう言ったのは。

●責任を取ること

1990年5月31日（木）

「ちゃんと弁償しなさいよ」「同じか、それ以上にいいボールを買わなきゃだめだよ」と言った。明海は泣いている。

今日花火をしていて、おもしろ半分にこうちゃんのドッチボールに火を向けた。するとボールに穴が開いた。ゴムが溶けたのだ。

「そんなことで泣きなさんな」とお母さんは言うけれど、泣きたい気持ちはよくわかる。あんなことせんかったら良かった、という後悔の念と、せっかく貯めた自分のお小遣いが減ってしまう悲しさ、悔しさのためだ。悔しいけれど弁償しなきゃいけないと思う気持ちが涙になる。陽介も自分の財布を持ってうろうろし、「なんで200円ぐらいでないの？　そんなに高いの？」と少し涙ぐんで言う。お兄ちゃんがかわいそうで、自分もお金を出してやりたいけれど、明海は2800円くらい持っているが、陽介は200円しか持っていない。

「お母さん、あしたボール買いにいこう」と明海が言った。

自分でした失敗は自分で責任を取ること。

かわいそうだから、お父さんが半分出してあげるけど。


大地が一昨日、39度余りの熱を出した。おなかも痛がり、触ると痛がる。便秘をしているにしても、それなら熱は出ない。風疹がはやっているが、発疹は出ていないし、風疹ではこんなに熱は出ない。耳だれもないから中耳炎ではない。おなか、特に臍周囲の圧痛が気になる。抗生剤だけ飲ませて、様子を見ていた。今日になって、だいぶ元気になり、うどんも食べたとのこと。

診断を誤っても、自分の子だから自分で責任を取ればよい。人の子ならそうはいかない、と思った。

●お小遣い(2)

1990年7月23日（月）

今年の4月から毎月500円のお小遣いをあげている。陽介はパッパラパーと使ってしまうが、明海はせっせと貯めている。陽介と愉喜子は肝油を買った。80個入り400円。学校で力がつく、筋肉の元になるとか何とか勧められたためだ。よくそんなもの買うわ、と思ったが、2人は大事そうにしている。しかし、明海は買わなかった。

お小遣いをあげるのだから、おやつなしだよ、という約束である。ところが、お母さんはほとんど今までどおり、おやつを用意している。お小遣いを使わせるのかわいそうだから、とか言って。

●自分の負けを素直に認める

1990年7月23日（月）

陽介は昨年から小学校の水泳クラブに入り、明海は今年から入った。田原本スイミングスクールにも陽介が先に行きたいと言い出し、明海はつられて入った。明海の方が先にやめて、半年ぐらい後に陽介もやめた。

「どちらがうまいの?」と聞くと、「陽くんの方がうまい」と明海はサラッと言った。弟に負けるのは悔しいだろうけれど、自分の負けを素直に認められるのは強い証拠だ。

「お父さん、補欠やねん（病院の野球クラブ・医師・薬剤師チーム）」「ゆみちゃんのお父さん（同じ19号館に住んでいる）の方がだいぶうまいよ」とお父さん自身が弱さを認めている。出身大学にしても、東京大学や京都大学は賢い人が行って、お父さんの卒業した鳥取大学はだいぶランクが落ちる、と教えてある。お母さんも大学落っこちたから、大学に行かないで就職した。

●みんなのおかげ

1990年8月1日（水）

夜7時に病院に電話がかかってきた。大地が階段で転んで顎を切った。3㎝くらいの傷で、看護師の松尾先生の奥さんが縫ってもらった方がいいと言ったとのことだ。時間外だし、困ったなと思ったが、とりあえず病院に連れてくるように言った。同じ医局でその話を聞いていた外科の中村先生が「僕が縫ってあげよう。僕で良かったら」と言ってくださった。嬉しかった。救急外来に電話をしておもむろに外来に行ってみると、もうお母さんが来ていた。同じ19号館に住む梶山さんが送ってきてくれた。救急外来の看護婦さん達は知っている人ばかりで、さっそく大地を椅子に腰かけさせて、形成外科の山脇先生を呼んでくれていた。

大地を色々なだめかけてくれて、大地もおとなしく手術を受けた。帰ろうとした時、階下に住む眼科の寺内先生がお母さんの顔を見て、どうしたものかと診察室を覗いてくれた。もし、レジデントが縫っているのなら、僕が代わりにしてあげようと思ってくれたのかもしれない。帰りは寺内先生が2人を車で送ってくださった。

みんなのおかげ。ありがとう。病気をした時、困った時の親切は身に染みる。

●親の欲張り

1990年9月24日（祝）

天理のおじいちゃんが来て碁を打った後、陽介達が五目並べをしようとせがむので、した。上の3人がやるのを見て、「ボクもする」と大地が言う。数を数えられないとできないので、「これでいくつ？」と碁石を4個並べてみる。いくつか答えられない。さんざん教えても、「わからない」。あまり覚える気がなくて、こちらがイライラした。

でき過ぎる親を持つと、いい子が育たなかったりするが、親としては、「こんなことがどうしてできないの！」「こんなことがどうしてわからないの！」と、ついつい思ってしまう。それがいけない。馬鹿だね。親の方が馬鹿なのにね。

ついつい子供に期待してしまう。自分が子供の頃はこれぐらいはできたから、それぐらいはできて当たり前。自分以上にできる子であってほしい、と思ってしまう。

欲張りだね。

●陽介の宿題

1991年1月7日（月）

明日から新学期だというのに、夜9時になって、やにわに陽介が宿題をし始めた。

「何でやることを先にちゃんとやっておかないの！」と怒りたい気持ちである。言葉には出さないまでも、目はそう語っていたであろう。夏休みもそうだった。8月の終わり頃になって、あわててやっていた。「ちゃんとやることとやらないと、遊んであげないよ」と言いたくもなった。だけどやめた。そこまで言ってしまうことは、僕が患者さんの親にいつも注意している過保護・過干渉である。

さっさとやることはやった方がいい、と言うのは僕の意見であって、さっさとやるかやらないかは陽介の好き好きである。いつまでもやらないで、イライラしているのは僕の方である。自分がイライラするから、気に食わないからといって、怒ってはならない。

陽介も周囲の冷たい視線を感じている。眠そうな目をしながらも、愉喜子と大地がカルタ取りをしているのを横目で見ながら、何とか宿題を終えたようだ。

明海が〝ゆき子の顔〟と言って、へたに絵を描いたら、愉喜子は怒った。涙を流して怒った。描いた紙を取り上げて、破り捨てた。

「何もそこまですることないのに。ゆきちゃんはゆきちゃんで、どんな絵を描かれようともかわいいんだから」と言ってみたけれど、わかったかな？

「お前はお前でいいんだよ」と認めているつもりなんだけど、「何怒ってるの、馬鹿だね」と伝わってはいないだろうね。

1991年2月6日（水）

「なんでそんなことをしたの？」と、明海が泣かされた大地と陽介に聞いている。わけを聞いて、「そんなことをしたらあかんじゃないか」と説教している。その言い方が親のそれにそっくりだ。

陽介が小学校の管弦楽部に入った。バイオリンをしたいだなんて、とても似合わないからやめろと言ったのに入った。まあ、せっせと練習をしているようだ。それを見て、明海までがオーボエをやりたいと言い出した。

「何も陽介のまねをしなくてよい。お前はお前の道があるのだから」「それに水クラ（水泳クラブ）をやめるなんて、水クラの方がずっといいよ。体が丈夫になるし、かっこいい体になってるし、泳ぎがうまいといいよ」とさかんに止めたが、どうやら彼もするらしい。お母さんは音楽好きだから、そばでニコニコして聞いている。

●使い方も知らんのに使うな

1991年7月28日（日）

大地がファミコンを使っていて、電源を切り忘れていた。明海と陽介がそれを注意した。陽介は「使い方も知らんのに使うなよ！」と怒っている。これはお父さんが子供達によく言っていた台詞《せりふ》なので、「陽介、そんなに怒らんでも」とは言えず、「そうだ！」と相槌をうった。

●愉喜子が譲った

1991年8月12日（月）

いつもは愉喜子が使っているピンクのふとんに大地が先にくるまって寝た。愉喜子が「これ私のよ」とひっぱがした。半分寝かかっていた大地は起きて取り返そうとした。けんかが始まった。「これはお姉ちゃんのだから、大地はこっちにしなさい」と言おうかとも思ったが、どうなるものやらと様子を見ていた。

大地がふとんを噛む。「あかんやろ！　汚れるやろ！」と愉喜子が大地を突き飛ばそうとする。大地は口を離しはしたものの、しつこく食い下がる。本気でけんかをすれば愉喜子が勝つだろうが、大地もねばる。

「今日だけやで。明日もあさってもずっと貸したらへんで」

愉喜子は別のタオルケットを取りに行った。ふとんであれ、シーツであれ、自分愛用のものでないと怒りだす愉喜子なのに、けんかを避けて、譲った。

●海水浴

1991年8月20日（火）

浜坂（山陰）へ行った。2度目である。2年前は国民宿舎に泊まったが、今回はユースホステルに泊まった。国民宿舎からはタクシーに乗らないと海に行けなかったが、ユースホステルからは坂を下りればそこは海。しかも、遠浅で、磯もあり、マリンスポーツも楽しめる。浜辺から100mほど沖合に船を着けるための堤があり、そこまで、明海も陽介も泳いで行った。大地と愉喜子は浮き輪を使って行った。水深は3～4m程あるが、誰も怖がらなかった。僕は初めて、シュノーケリングをした。近くの店でモリを買い、それで魚やウニを捕った。明海や陽介も潜った。

僕の夏休みは木、金の2日間で、土日を入れて、3泊4日。初日は午後、2日目は一日中泳ぎ、3日目はさすがに午後3時頃には海から上がってきた。その後、海に面した山の展望台へと散策した。すっかり泳ぎ疲れている彼らにも坂道は少々きつかった。それでも、お父さんとお母さんが行くとなると、みんな付いてきた。カルガモの親子のようにぞろぞろ歩いた。

●定期が切れた

1991年10月9日（水）

朝7時10分頃、陽介が半泣きになって、「お母さん、定期がきれた！」と帰ってきた。「そうか、ごめんね」とお母さんは3人分の電車賃300円を持たせた。7時20分頃、今度は愉喜子が泣きながら帰ってきた。「お母さん、定期がきれた！」「お兄ちゃんにお金渡したのに」「入れ違いになった」「もう電車行っちゃったよ。ほら、お金渡すから行ってらっしゃい」「ひとりじゃイヤ！」と泣き続けている。「お父さんと一緒に行くか？ ちょっと待ってなきゃだめだよ」「うん」いつもは7時8分の電車に乗る。次は7時28分。時計を見て、次のには間に合いそうと思った。自転車で駅まで乗せて行った。陽介はすでにプラットホームに入っていて、愉喜子と2人で出かけた。

明海は定期が切れていることに気づかずにそのまま行ってしまっていた。帰り、明海は「朝、切符買いませんでした」と駅員さんに50円渡した。

少々定期が切れていても、知らん顔をして通り過ぎれば、そうめったに見つかるものではないのに、見つかったとしてもあやまれば通してくれるのに、2人は必死の形相で帰ってきた。また、明海は正直に50円返した。お小遣いにしていても良かったのに。

「それでいいのよ。正直で」とお母さんは言う。そうだよね。

●陽介君10歳の誕生日

1991年12月19日（木）

「ケーキはいいから〝上にぎり〟にして」と言う。プレゼントも明海と同じ「お小遣いにして」と言う。毎月500円を800円にして1年間。それを聞いて、大地も「ボクの誕生日にもお小遣いちょうだい」と言う。

●ボクいい子にしてたからね

1992年1月12日（日）

1月6日フランスから帰ってきた。網干に着いたのは夜の11時。もう子供達は寝ていた。お父さんとお母さんの寝る所をこしらえるためにごそごそしていると、陽介が目を覚ました。「ボクいい子にしてたからね」と一言言って、また寝た。愉喜子は「お父さん、お母さんおかえりなさい。ちょっとだけけんかしたけど、みんないい子にしてたよ。お母さん、わたしのそばでねてね」と書いた手紙を残していた。お父さんとお母さんがいなくて淋しかったけれど、ボク達ちゃんといい子にしてたよ、と言っているようで、涙がボロボロとあふれてきた。

12月29日の早朝に出発して、9日間子供達だけを網干のおばあちゃんちに預けた。

「お小遣い1万5000円あげるからちゃんとお留守番しててくれる?」と聞くと、彼らはにべもなく承知した。「ボクは?」と大地も聞く。「ボクにもちゃんとあげるからね」

お正月なので、いとこ達が入れ代わり立ち代わり帰省して、寝るところがないくらいにぎやかだったようで、それ程淋しくなかったのかもしれない。

「ちゃんとお手伝いしててよ」と言っておいたら、明海は毎日茶碗を洗うのを手伝っていたらしい。

網干から天理までの帰りの道中、大地が迷子になった。高速神戸で山陽電車から降りた時のこと。次の電車が来そうな時に大地がおしっこに行きたいと言い出した。階段を上ってトイレに行った。あとの3人もトイレに行った。「お父さん、私出るまで待っててよ」と愉喜子は言った。一番先に出てきた大地は電車がもうすぐ来るということを感じていたのか、「ボク先に行っとくで」と先にお母さんの待っているところへ行った。次に明海と陽介が出てきて、2人ともホームへ戻った。愉喜子が出てきた時、明海と陽介が手前にあった反対側のホームへ降りているのが見えた。

急いで2人を呼んだ。そして、大地を探した。そのホームには大勢の人がいて、どこにいるのか見えない。電車が発車した。大地はお母さんのところには戻っていなかった。「ボク見てきたげる」と明海が走った。まちがって電車に乗っていたらどうしようかと思った。明海がそのホームの先にいる大地を見つけた。

見つかって元の場所に戻ってきた時、大地に「その時、どんな気持ちだった?」と尋ねた。大地は答えられない。「だって、お母さんがいなかったんだもん」とか何とか言って、泣くだけだった。愉喜子が「すっごい怖い！」と答えた。それが本当だろうと思った。迷子になった、どうしよう？　どうしたらいいだろう？　なんて考える余裕はなくて、もうすっごく怖くて、ただ泣くしかないところだろう。

●陽介、パパがついてるぞ

1992年1月19日（日）

お父さんの友達の西田先生から『陽介、パパがついてるぞ』（かもがわ出版）という本をもらった。彼はお父さんが大学卒業後の2年間、天理よろづ相談所病院で研修していた時のレジデント仲間で、お父さんとお母さんの結婚式にも来てもらった。

彼の次男の陽介君が白血病になり、その闘病記録をまとめたものだ。岡部の陽介君よりは1つ年上で、8歳の時に鼻血が止まらない、熱が下がらないという症状が現れ、血液の異常があることがわかった。色んな抗癌剤が開発されて、予後は随分良くなったけれども、陽介君は薬の副作用のために、脳に障害が出てしまい、養護学校に通っているということだ。

子供を思う父親の気持ちがビンビンと伝わってきて、涙なくして読めない。

健康でいる時には、それが当たり前のように感じてしまいがちだ。そして、日々の出来事の中で、腹を立てたり、いらいらしたり、悩んだりする。だけど、何が一番大事かと振り返ってみると、自分や家族が健康で、仲良く暮らせることに尽きる。もし、自分の体の具合が悪くなれば、したいことも、しなければならないことも、すべてキャンセルしなくてはならなくなる。家族の1人でも病気になれば、そのことで頭が一杯になる。

この本を読んで、あらためて、今の自分に与えられているもの、与えられていることに幸せを感じずにはいられない。そして、もし自分が彼と同じ立場に立てば、やはり「お父さんがついてるぞ」と、勇気を持って闘っていきたいと思う。

●お母さん、ちょっと来て

1992年2月6日（木）

「お母さん、ちょっと来て」「お母さん、ちょっと来て」

ふとんの中で大地が呼ぶ。朝の忙しい時に何を言ってるんだ。

「なにー?」「ちょっと来て」

何がちょっと来てだ。自分でさっさと起きてきなさい。それでもしつこく、「お母さん、来てよ!」。お兄ちゃんやお姉ちゃんに朝ごはんを食べさせて、弁当を作って、大地になんかかまってられない。

「お母さん、来てよ。うんち出た」

もう5歳になってるのに、パンツの中でうんちなんかするなよ。

どうも大地は甘えん坊でいかん。寝る時も「お母さん、本読んで」。本を読んでもらわないと寝られないのか、お前は。

●通知簿

1992年7月20日（月）

今日は終業式で、通知簿をもらってきた。明海は先学期よりも悪いがそこそこ。愉喜子はよくがんばっていた。問題は陽介。国語にはAがなく、Cが1つ。得意の算数もあまり良くない。宿題の欄もC。

「次はがんばろうね」と言った。愉喜子には「よくがんばってるね」と褒めた。陽介は成績が悪いことを卑下したり、悪びれたりはしないけれども、愉喜子が歌を歌うと、「へたくそ」とけなす。

お母さんから「宿題を忘れるなんて。夏休みは『（漢字ドリル）あとから』とは言わせない」と言われて、「わかってるよな、陽介。お前にはガッツがあるもんな」と持ち上げたけれど、愉喜子を違うところでけなす。顔には出さないものの、明海や愉喜子が褒められて、自分は褒められていないことを気にしているのである。将棋は明海が強くなって（お父さんと互角かそれ以上）、自分はそうでなく、お父さんも陽介よりも明海とやりたがることもあるかもしれない。

自尊感情（自分自身を価値あるものだと感じること）がまだ十分に形成されていないのかもしれな

い。クラスの代表委員にはなっているけれども、クラスメートにいじめられたり、嫌われたりしていることもあるようだ。それでも明るく、元気にはやっているが、ちょっと気になる。十分に認めてやらねばならない。

●大地の強情

1992年8月25日（火）

今年の夏休みも浜坂へ泳ぎに行った。ひとしきりユースホステルの前の海で泳いだので、2日目は新しい海岸を開拓することにした。それは岬の先にある浜辺で、海岸沿いには道が通じておらず、山を越えなければならない。それが大変なので、誰も行かないのだが、逆に全くのプライベートビーチになる。

その山道を登り始めたのだが、しばらくすると、大地がぐずり始めた。「海と違う」「こんなとこ歩くのイヤだ」「この先にきれいな海があるんだよ」といくら説明してもダメ。「イヤだ」と言って歩かない。「放っとくよ」と放って歩き始めた。それでも大地は動かない。陽介が「大ちゃん、おいで」と言っても、全く聞かない。みんなは登っていく。大地は「お父さんのバカ」とか何とか言って、ひと泣きした後、下っていく。「みんな行くよ。大ちゃん1人になってもいいの？」と言っても動かない。

陽介が連れて上がろうとする。「放っときなさい」。陽介は仕方なく、登ってくる。様子を見ていると、大地は下っていく。みんなとどんどん離れる。「ボクが行ってくる」と陽介が連れてくるために下りて行った。お母さんと明海と愉喜子はもう見晴らし台に着く頃だ。

陽介が一所懸命連れてこようとする。「大ちゃん、一緒に行こう。がまんしたらきっといいことあるよ。親神様もそう言ってたでしょ」。結局、陽介が大地をおぶって上がってきた。「ほら、ここから歩こう」。大地はしぶしぶの顔をしている。

「ありがとう」陽介君。

そのプライベートビーチで泳ぎ、遊んだ後、帰るのにはまた山を登らないといけない。お母さんが海岸沿いに泳いで行こうと言い出した。幼稚園児と小学生が3人、浮き輪が2つとイルカの浮き輪フロートが1つ。大丈夫かなと心配したけれど、それらの浮き輪につかまりながら、岬を1つ越えていった。

1992年8月26日（水）

「本将棋しよう」と大地が言う。2～3週間前に駒の動かし方を教えた。1つのことを覚えると、そればかりやりたがる。

「勝ったことあるで」「何回も大富豪になったことあるもん」

トランプの〝大貧民〟も大地は結構うまくできるようになった。

「大貧民になって良かった。これ以上下がらないから」なんて、負け惜しみを言いながら、なかなか勝てなかった。でも、勝つと大喜びをする。

●けんかの仲裁

1992年11月5日（木）

「返してよ！　ボクが拾ったんやで」

大地が拾った自転車の鍵が自分の自転車のものと似ているため、陽介がそれを取りあげようとした。しかし、大地は必死に抵抗する。

「陽介、返したり！　大地のやろ！」と明海がふとんの中から叫ぶ。もう夜の9時過ぎである。

「お兄ちゃん、関係ないやろ」と陽介が言い返す。

仲裁人が入って、3人のけんかになった。明海は「返してやれ」と陽介に言う。陽介は「自分の自転車に合うか見てくるんだ」と言い、大地は「イヤだ、返してくれない！」と泣く。結局、明海が「また返してくれるから」と大地をなだめ、陽介は懐中電灯を探して、下へ降りて行った。

「上から見とき」と明海に言われて、大地と明海はベランダに出た。すると、今日取ってきたザリガニが減っており、階下に落ちているのがわかった。陽介はザリガニを拾って戻った。もう鍵のことはそっちのけ。

一件落着。

●どこかで聞いた言葉

1992年11月26日（木）

「大地！　歯みがいてき！　自分のためやで、おじいちゃんみたいに入れ歯になるで！　大地！　虫歯になるで！」

陽介がふとんの中で寝かかっている大地に向かって、大きな声で言っている。

「自分のためやで」、この言葉どこかで聞いたことがある。陽介もなかなか歯をみがこうとしなかった時、何度かそう言った覚えがある。

「な、お父さん！　そうやな？」

こたつの中で居眠りをしているお父さんをゆり動かした。

数日前も、「大地！　りんごはダメ、柿にしとき、もったいないやろ！　あるからといって、食べてたらお金たまらへんで」と陽介が言った。

この言葉もどこかで聞いたことがある。

明海はこつこつお金を貯めているのに、陽介はパッパラパーと使ってしまう。その陽介に向かって、「あるからといって使ってたら、貯まらへんで」と何回か陽介に言った覚えがある。その陽介が大地に言っている。

お母さんは「ええやんか、食べさせとき」と陽介をたしなめるが、陽介は「あかんやろ！

もったいないやろ！」と譲らない。明海は「お母さんがええ言うてるんやから、ええやんか」。陽介1人孤立している。

陽介としてはその翌日に両親のテニス仲間が来てパーティーをするので、その時に出す果物として、柿はたくさんあるから、りんごはおいておいた方がいいと思ったのだろう。

自分がさかんに言われた言葉を下の子に自分の言葉として言っている。親としては怖いといえば怖いし、子供は素直だといえば素直だ。

あれこれと一番陽介をたしなめることが多いけれど、陽介もわかっているということだ。

●塾

1992年12月1日（日）

「塾行かせてる？」と僕の妹が家内に尋ねた。妹にも小学6年生を頭に4人の子供がいる。小学6年生の子を持つ親としては、勉強のこと、塾のことが気になるところである。小学5年生ではもう遅いと言う人もいる。しかし、我家では無理してまでも塾には通わせない。本人達が行きたいと言えば、行けばよい。ずっと行きたいと言わなければ、ずっと行かなくてよい。塾へ行った方が能率よく勉強ができるかもしれない。競争心が湧いて、意欲が出るかもしれない。でも、それはそれ。〝自分で考えて、自分でする〟ことの方が、与えられてするよりも大事だと思う。

ありがたいことに、うちの子達は彼らなりに自分で考えて、必要なことはちゃんとやっている。

もっと上をめざして、小さいうちから仕込んでおくというのも1つの教育方針だろうけれど、何もそう背伸びをすることはない。その子に合った生き方が一番。それを自分で選ぶのが一番。そうすれば、うまくいかなくても、自分で何とかするだろう。

●マージャン狂い

1993年2月15日（月）

「マージャンしよう」と大地が言う。ここのところ休みといえば必ず、平日でもお父さんが早めに帰ってくると、「マージャンしよう」と言い出す。レナちゃんが遊びに来たら、ほとんどいつものようにやっているので、呆れていないだろうか？　大地なんかまだ幼稚園児だよ。

僕が大学生の頃は〝てつまん〟と言って、徹夜でマージャンをするくらいよくマージャンをしていたが、近頃の若い人達はマージャンをあまりしなくなった。あと12～13年して、子供達が友達を誘ってマージャンをしようと言った時、「いつからマージャンやってる？」と聞かれて、「幼稚園の時から」と大地は答えるのだろうか？

彼は時々ミスをしてはいるが、それなりに並べられている。明海は点の数え方を何度も聞き出した。お父さんも遊ぶのが好きなものだから、「ほなやろか」となってしまう。お母さんに「小学校のうちからマージャンばっかりやっててていいのかな？」と言っても、「いいじゃないの。別にかけてるわけじゃないし、ゲームでしょ」ときたもんだ。

●陽介に頭が上がらない

1993年4月18日（日）

「ゆっこ！　自分さえいいと思ってるやろ！　自分さえいいと思ってたらあかんで！」

「大地！　ちゃんとやることやってきなさい！　マージャンしたくないんか？　ちゃんと片付けなあかんやろ！」

そんな言い方しなくてもいいやろ、とついつい言いたくなるような口調ではあるが、正論である。陽介君は大地君に厳しいね。「大地君も陽介君には頭が上がらないみたいだね」と幼稚園の先生が言っていた。どうやら家の中だけではなく、外で遊んでいる時も叱っているようだ。

●ドラえもんのベッド

1993年4月19日（月）

2月から押し入れを、ドラえもんのベッドのようにしてから、子供部屋で4人が寝るようになった。それまでは明海と陽介は子供部屋で寝ていて、愉喜子と大地は両親と一緒に寝ていた。4畳半の部屋に4つの机を置くと、寝る場所は2人分がやっと。ところが、押し入れを使うとあと2人が寝れる。いいアイデアだ。

「お母さん、本読んで」「お母さん、こっち来て」「お母さん…」と今までなら言っていたはずなのに、今日は遊んでいるお兄ちゃん達をおいて、大地君はさっさと押し入れに入った。小学生の自覚が出てきたなぁ。幼稚園の時は1人遅くまで寝ていて、なかなか起きてこない時もあったけれど、今はちゃんと起きている。

●永久歯が抜けた

1993年8月31日（火）

陽介から病院に電話がかかってきた。大地が怪我をしたらしい。同じ19号館に住む野間先生の奥さんがすぐに代わって説明してくれる。上の門歯が根っこから抜けていると。午後5時40分。「とりあえず帰ります」と答えたが、ちょっとその前に歯科の辻本先生に相談をしようと思った。「すぐ連れてきて、僕がいるから」と言ってくださった。ありがたかった。抜けた歯を処置して、とりあえず戻して固定した。くっつくかどうかはわからない。

しばらくして、家内と陽介が息をきらしてやってきた。病院に来る途中、陽介は泣いていたという。

19号館の建物の前の道を陽介が自転車を飛ばしていて、飛び出した大地の口にハンドルが当たった。そばに大人は誰もいなかった。家内は出かけていた。どうしようかと悩みながら、陽介はとりあえず、3階の家に大地を運んで、ティシュで血の出ているところを押さえた。そして、前栽駅へ行って母の帰りを待った。他にどうしていいかわからなかった。後で「誰か近くのおばちゃんに相談すれば良かったのに」と言うと、「迷惑かけたらあかんやろ」と答えた。

野間さんが仕事から帰ってきて、駅の前に立っている陽介を見つけた。「何してんの？」。話を聞いた彼女があわてて家に帰って、大地の様子を見て、連れて来てくださった。

すでに勤務時間外だったのに、辻本先生が快く治療を引き受けてくださった。救急処置をしてくれる医師は頼もしく見える。

●ごちゃごちゃうるさいなぁ

1993年11月28日（日）

こどもコンサートがあった。天理小学校の管弦楽団の団長である陽介は演奏が終わると、舞台の前に出て、インタビューを受けた。司会者に「お礼を言いましょう」と言われて、「ありがとうございました」と大きな声で言った。しかし、ただそれだけしか言わず、もう少し気の利いた台詞《せりふ》、例えば、「みなさん、ご声援ありがとうございます。西日本大会でも頑張ってきます」とか、言えないものか。また、最後に全員が起立したが、突っ立ったままで、何もしなかった。

「礼！」とか言えばいいのに、と陽介に言った。

「ええやんか、ごちゃごちゃうるさいなぁ」

明海が「最初の曲はうまくできていなかったな、○○はうまかった、△△はまだ…」と言っても、「ごちゃごちゃうるさいなぁ」と陽介は言った。

演奏会の評価、いい所と悪い所を指摘しているのだけれども、「よく頑張ったね、かっこ良かったよ」となぜ褒めてくれないんだ、という感じだった。

批評、批判を素直に受け止められることは、その人に余裕があることで、そのことによって、その人はさらに成長する。

陽介に対しては、批評よりも褒めてやることが先のようだ。

●たばこは体に毒よ

1994年1月25日（火）

僕がたばこを吸っていると、子供達はそろって、「お父さんたばこやめとき、体に毒よ」と言う。明海は「僕はお酒覚えても、たばこは覚えんとこ」と言い、大地は煙そうに嫌そうにする。愉喜子は繰り返しやめときと言う。ところが、タバコ・パイポというたばこの形をした禁煙したい人のための物をみつけると、「ちょっと吸わせて」と明海も陽介も愉喜子も言う。数日後に愉喜子は「お父さん、あれ吸っていい。ちょうだい」とまで言う。

たばこやめとけ、やめとけと言ってたんじゃないの？　本当は君達もたばこ吸ってみたいの？あるいは、吸ってる気分を味わいたいの？

●やっぱり何も言わないでおこう

1994年2月8日（火）

愉喜子「大地、起き！」
陽介「怒るなよ！」
愉喜子「怒ってないじゃない」
陽介「怒ってるじゃない、その言い方」
愉喜子「起き！」
陽介「放っとけよ！　起きなかったら、起きなかったで、大地が悪いねんから」

僕も徹夜をして〝信長の野望〟（ファミコン、子供達に勧められてやり始めた）をやるくらいだから、あまり強いことは言えないけれど、陽介を見ていると、やっぱり一言言ってしまいたくなる。「遊ぶのもいいけど、けじめをつけなさい」と。天理中学の入試があるというのに、ちっともお構いなし。勉強しているとすれば、こたつに入って、社会の本を見ているくらい。明海はファミコンもして、勉強もしているが、陽介はファミコンをするか、人がしているのを見ているかである。（何だかこう書いているうちに、僕は相当教育パパのような気がしてきたゾ）

「しなかったらしなかったで、本人の責任なんだから」というのは僕達がずっと言ってきた言葉である。もうこれ以上言わないでおこう、子供達は子供達同士で言い合っているのだから。

●稲田塾

1994年3月6日（日）

陽介はファミコンばかりしていて、ちっとも勉強しないが、「負けたくないもん」という気持ちをやっぱり内に秘めているようだ。「進研ゼミをやりたい」とまた言うので、「お前は塾に行った方がいいんじゃないかと思っている。どうするかは自分で決めなさい」と言った。すると、塾に行くと言う。陽介が行きたいと言う稲田塾は桜井（天理駅から桜井駅まで10㎞）にあるので、JRで通学しなければならず、時間がかかり、クラブとの両立は難しいかもしれない。今日、その稲田塾の説明会に行ってきた。

明海もその話から、自分も塾へ行きたいと言い出した。クラブがあるから、天理市内にある旭学園にするという。いずれでもよい。しっかり勉強してくれるのは嬉しい。

嬉しいのだけれども、子供の勉強のことがいつの間にか最大の関心事になりつつありはしないか？　子供に期待をするというのは、自分にもう期待ができなくなっているからではないか？子供への期待が過大になってしまうと、自分も子供もだめにしてしまいかねない。受験生を持つ親の気持ちを経験するのは良い。子供の成長を喜ぶのは良い。しかし、子供は子供、自分は自分であることをしっかり心に納めておくべきだ。

1994年3月25日（金）

陽介が夜遅く塾から帰ってくる。お母さんが帰ってくるのを待って、食事を用意してやる。陽介はそれを嬉しそうに食べる。

「お父さん、いいね。遅く帰って食べるのは」と言う。お父さんが遅く帰ってきて、後から一人食べているのを見て、自分がそれと同じことができるのが嬉しいのだ。

塾に行かなければ勉強しないであろう陽介が少しは勉強するようになった。この調子でいけば成績は上がるだろう。夜遅く帰ってきても、翌朝はちゃんと起きている。結構、体力がある。

●行儀

1994年4月7日（木）

「ペチャクチャ音を立てないで食べなさい」「ほら、またこぼしてる。こぼさないように行儀よく食べれないの?」。テレビを見ている時も、「口をポカンと開けないで、閉めなさい」などと、陽介に何度も注意してきた。その後、猫が食べるようにテーブルに置いた茶碗に顔をつけて食べている姿を見て、「茶碗を手に持って、もっと離して食べなさい。猫みたいじゃないの」と注意した。

しかし、よくよく考えてみれば、こぼさないようにしろと言われて、陽介なりにこぼさないように食べているだけ。それを見て、また叱るようでは子供の立つ瀬がない。ペチャクチャ音を立てるな、口を閉めろと言われても、鼻の通りの悪い彼にしてみれば、お父さんが思っているようにはいかないのが当たり前なのだ。

●お母さんの失敗

1994年5月20日（金）

「もしもし、明日香ちゃんもう出かけられました？　えっ⁉　そうですか⁉　あらいやだ、すみません」

いつも小学校へ一緒に行く鈴木さんも上村さんも出てこない。ピンポーンと押しても出てこない。もう行ってしまったのかと思って子供達はあわてて出かけた。お母さんが心配して鈴木さんに電話をした。

「まだ6時ですよ」「えっ⁉」

天気がいいこともあって、起きた時からすっかり明るくて、1時間間違えていた。お母さんはあわてて子供達を駅まで迎えに行った。

その後、お母さんは海苔を持って、鈴木さんにあやまりに行った。

「すみません。朝早く起こしちゃって」

●うそつき

1994年9月30日（金）

「チョコレートかと思ったら、ウンチやんか！」

お母さんが畳についていた小さな塊をさして叫んだ。畳はすでに随分汚れているのでわかりにくいのだけれども、よく見るとあちこちにそれらしきものがある。

「大地やろ！」と誰とはなしに言われる。「ボク違うで」。今日、大地のお誕生会をして、何人かの男の子が遊びに来ていたので、「その中の誰かやな」と大地は言う。そこへお母さんが濡れた雑巾を持ちながら、「大地や。パンツが汚れてた」。大地はそれでもすっとぼけている。「ちゃんと言いなさいよ」

お母さんが書道の展覧会で留守をしており、お父さんが天理のおじいちゃんと碁に夢中になっていた25日（日）のこと。お母さんの誕生日なので、お寿司をとってお祝いをしようと思ったが、大地がいない。もう6時半に近く、外は暗い。どこへ遊びに行ったんだろうか？ よその家に上がり込んでいやしないだろうか？ 「上村さんにサイクリングに連れて行ってもらってたで」と愉喜子が言うので、上村さんに電話をしたが、いなかった。野間さんちにも電話をしたが、留守だった。お母さんが外へ探しに行った。すると、間もなく入れ違いに大地が帰ってきた。

「どこへ行ってたの？」「プール連れて行ってもらってた」

お母さんは連れて行ってもらっていた野間さんに出会っていた。

「大地、うそ言うたらあかんで。『お母さんに聞いて、いいと言われたら連れて行ってあげる、と言うたら、いいって答えた』とおっしゃってたわよ」

「だって、行きたかったんだもん」

たとえ行きたかったにしても、うそをついてはいけない。ちゃんとお父さんがいたのだから、聞いて良かったはずだ。うそをついて、一時的にその場を上手にやったとしても、いずれそのうそはばれる。するとうそをついたこと以上にその人の信用が失われてしまう。繰り返されると、その人の言葉は信用されなくなる。例えば、物がなくなった時、「ボク違う」と言っても、周りからは「あの子かもしれない」と疑われる。

もう一度うそをつくようなことがあれば、きっちり叱らねばならない。

●けなげな人が好き

1994年11月5日（土）

帰りが遅くなって悪かったかなぁ。病院を出る時に、明海の誕生日であることに気づいた。家に帰ってみると、いつもと大して変わらない食事が用意されていた。陽介は塾に行っていて、ゆっこと大地はテレビを見ていた。何もプレゼントしないのでは申し訳ないから、テレホンカード1枚を渡して、「明海君、誕生日おめでとう」と言った。「ありがとう」と明海は応え、「そうや、誕生日やった。ケーキ作るの忘れた」とお母さんが言った。昨日、お母さんはお寿司とろうかなと言っていたから、てっきり今日はお寿司だろうと思っていた。けれども、彼女は天理大学のバザーで、「このジーパン300円よ。ピチピチ」「あのカバン300円で売れたわ」などと、そっちの方で頭が一杯だった。

明海は淡々としたもので、一向に意に介していない風だ。

去年から、中学生になったから、という理由で、誕生日のプレゼントは無しにした（いちいちめんどうになってきた、というのが本音なのかもしれない）。明海自身もそのことがわかっていて、求めない。テレカ1枚で満足し、「寿司とって」とも言わない。けなげだ。何かしてやりたい気分になり、言った。

「明日はお寿司とろか？　明海君だけは上にぎりで、あとは盛り合わせか並でね」

「お母さんの方が嬉しいわ」（夕食を作らなくていいから）と家内が言った。

明海が通ったあとを他の子供達も通っていく。「中学生になったら誕生日プレゼントは無し」を陽介も思っている。お兄ちゃんがしてもらっていないのだから、自分もそうあって当然なのだ。明海が天理小学校に入る時、何もそんな遠いところへやらさなくても、すぐ前に公立の小学校があるのに、と思った。中学生ならいざ知らず、こんな小さな1年生が電車に乗って、長い距離を毎日歩いて大丈夫かしら、と思った。2番目以降はちっともそう思わなかった。大地に至っては全く心配しなかった。もし、「しんどい」などと言おうものなら、「何でや！」となったであろう。

行くのが当然なのだ。勉強のことにしても、遊びにしても、長男の明海が初陣を切る。それは当然のことなのだけれども、ちゃんとこなしてくれているのが嬉しい。

●キセル

1994年12月30日（金）

「あかんで、お父さん」と陽介に言われた。

「ちゃんとお金払わな。姫路までしか切符買ってないんやろ？　帰りに余分に払っときや」

「そうやな」

「もうしたらあかんで」（すみません）

帰省したのだが、鶴橋駅では姫路までしか切符が買えない。実家は網干から竜野に移っており、JR竜野は姫路から4駅先にある。竜野駅に降りた時、精算しようと思っていたが、改札口が精算する人達で込み合っていて、なかなか動きそうもなかった。駅員は駅事務所側で改札をしており、もう一方の開けられている改札口から切符を置いて出て行った。それを陽介にきっちり咎められた。

〝負うた子に教えられ〟である。

●わからないことをわかろうとする勇気

1995年1月28日（土）

「割合がわからへんねん」と愉喜子が言う。

「800円の品物を2割引きで売ります。売値はいくらでしょう？」「仕入れ値の3割をもうけとして定価を決めます。仕入れ値は800円です。定価はいくらでしょう？」「イチロー選手は200本安打を打ちました。打率は4割です。さて、打数はいくらでしょう？」などと、色々問題を出してやった。わかっているようで、わかっていない。同じような問いに一度答えられても、形を変えると答えられない。彼女はそれでも一所懸命わかろうとしていた。

進研ゼミの質問欄に「私は割合がよくわかりません。どうしたらいいですか？」と書いていた。先週の土曜日と日曜日、2時間ずつくらい教えた。「もういらん」とあきらめないで、何とかかわかろうとしている。これは頭がいい、悪いということ以上に大切なことで、その気持ちを持っている限り、少々の困難は乗り越えられる。

ゆきちゃんはそういうところがえらいよ。

●学校へ行きたくない

1995年2月6日（月）

　大地がビービーと泣いている。何で泣いているのだろうと思いながら、起きてみると、お母さんがアイロンをかけている。大地の体操服だ。洗ってくれなかった、というより、自分が洗濯に出すのを忘れていて、朝になって困ったのだろう。それはいい。お母さんが善後策を講じてくれたのだから。

　ところが、大地は泣きながらこたつにもぐったまま出てこない。もう出かけなければならない時間なのに。「おなかが痛いみたいだ」とお母さんが言う。今頃になって何を言うんだ。昨日は元気だったのに。体操服が洗ってないと泣いてたのは学校へ行くつもりだったからなのだろう？お父さんは仕事の疲れがたまって、昨日は一日しんどくて寝ていた。せっかくお母さんが誕生日にと作ってくれた会席料理もそこそこしか食べれなかった。その時、お前はテレビ見て、ファミコンをして、ウロウロしていたではないか。

「大地、学校行かへんのか？　なら、今日一日外へ出たらあかんぞ」

「もう言わんとき。ここんとこちょっとしんどがってたから」とお母さんがかばった。スイミングクラブへ行っていて、その後冷えるのか時々コンコンしていた。かもしれないけれど、僕としてはそのくらいでへこたれるような子であってほしくない。学校を休む以上、一日中寝ているか、本を読むか、勉強をするかだぞ。外に出るなんてもってのほかだぞ。

今日仕事から帰ってくると、大地は元気にしている。風呂からあがって、濡れた体のまま裸でバスタオルの上に座ってテレビを見ている。

「そんなことして、また明日学校を休むなんて言うなよ！」

「拭いてるもん」

「拭くんなら洗面所でしなさい」

「わかったよ」

今日どうしてたかとお母さんに聞くと、「退屈やな」と言っていたそうだ。ファミコンをして、本を読んで、色々ちょこちょこしていたようだ。ファミコンするなんて、と思ってはみたけれど、まあいいか。見ると、大地が自分ですごろくを作っていた。サイコロも一緒に。「なかなか面白いじゃない」と言うと、機嫌よく説明してくれた。その後、機嫌よく眠った。

●そんなん言うたりなや

1995年2月12日（日）

陽介と大地が将棋をしていて、大地は優勢な局面だったのだが、金と銀を取られた時、大地が何度も待ったを繰り返した。「大地、潔くないぞ」とたしなめられて、大地が将棋の盤をひっくり返した。見ていたお父さんと愉喜子が「大地の負け」と言うと、大地はこたつにもぐったまま、こたつをボンボンと蹴とばした。「大地の負け。そのぐらいであんなことしたらダメ」と言っても、相変わらずボンボンと蹴る。

「大地の勝ち、大地の勝ち」と以外にも陽介が譲った。それでも、「大地の負け」と愉喜子が言うと、またボンボン。「そんなん言うたりなや」と陽介が言った。

陽介も成長してきたね。

●引っ越し

1995年5月1日（月）

4月16日（日）に引っ越して2週間が経ち、ようやく落ち着いてきた。4DKから一気に3倍の広さになり、庭もある。家内の友達が仕事の都合で長野県に引っ越すことになり、その人の3階建ての家を借り受けることになったのだ。各人がそれぞれ自分の部屋を持てるようになり、ゆったりした半面、それぞれが籠ってしまうと淋しくなる。今こうやって書斎で書いていても、聞こえてくるのは時計の音と雨だれの音だけ。陽介がいくらテレビを見ていても聞こえてこない。

子供達は目新しさと広さも手伝って元気にしている。休みともなると誰彼と友達がやってきている。

●魚とり名人

1995年7月9日（日）

「お父さん、ウナギつかまえたで」と大地が言ってきた。「うそやろ、こんなとこに、ウナギなんかおるはずないやんか」と言うと、「見てみ、これ」と、バケツを見せてくれた。中には、小指よりももう少し細くて、10㎝と15㎝くらいの長さの魚が入っていた。ウナギと言えば、黒くて、太くて、にゅるにゅるしている。しかし、バケツの中の魚は茶色だ。しかし、にゅるにゅるしていて、決してどじょうではない。ウナギの子なんて見たことがないけれど、そうとしか考えられない。

「こんなん、どこで捕ってきたん？」と聞くと、「教えたるわ」と言う。彼が案内してくれたのは、前栽小学校の近くの田んぼの横の、水かさが10㎝ほどの用水路だった。「えっ？　こんなところに」と思うような所だった。その用水路には買い物袋とか、農業用の黒いビニールとかがところどころに落ちていた。彼がそのうちの1つをのけてみると、ギョギョ、本当にウナギが出てきた。

その小川には小さな魚もいて、大地は上手に網を使って、さっとすくいあげた。また、「おたまじゃくしがいるよ」と僕が言うと、大地は「そうじゃない、カブトエビだよ」と言う。大地がつかまえて、見せてもらうと、確かにカブトガニのような形をしていた。

誰に教えられたわけでもないのに、よくそんなことまで知ってるね。

●欲張らない

1995年7月10日（月）

「CDを借りに行こう」と愉喜子が言った。〝子供おぢばがえり〟のステージに愉喜子が出演するため、その時に歌う曲のCDが欲しいのだ。彼女は買えば高いことを知っていて、借りたいと言う。SMAPの『しようよ』という新曲だ。お店に行き、そのシングル盤を探したが見つからなかった。店員さんに聞くと、新曲が置いてあるところから出してくれた。「他に借りたいものはないの？」と聞くと、「これだけでいい」と言う。せっかく来たのだから、これもついでに、となってもおかしくはなかったが、愉喜子は自分が欲しいものが借りられたらそれで良く、それ以上はあれもこれもと欲張らなかった。

欲張らないというのはとてもすばらしいことで、有るもので満足できるということであり、しあわせへの道である。

●グァム旅行

1995年8月30日（水）

3泊4日でグァムに出かけた。初めての家族揃っての海外旅行である。観光客はほとんどが日本人で、日本の延長ではあったけれども、ところどころアメリカらしいところがあって、子供達にとっても新鮮だったと思う。

1人の旅行とは違って、旅費は6倍であったけれど、それなりの楽しさがあった。中国に行った時とは違って、子供達が邪魔にならなかった。むしろ、にぎやかだったと言っていい。その分、注意が内に向き、外の人達との接触が少なかった。

子供達はどの子も元気で、明海と陽介はホテルでの夕食のバフェでは、これでもかこれでもかとお代わりをし、大地は「もうあがろう」と言うのに延々とプールで泳いでいた。

3日間たっぷり遊んで、帰ってきたのは夜の8時25分。それから、明海は塾へ行き、翌朝、愉喜子は6時に起きて、水泳大会に宝塚へ行き、陽介は飛鳥コートへ練習試合に出かけ、大地は野間さんちへ遊びに行った。そして、お父さんだけが、時差もないのに、時差ボケをしていて、体がしゃんとしない。

●明海の夜遊び

1996年6月21日（金）

昨日も明海が帰ってきたのは夜の12時頃だった。もう数回目である。最初の時は1時を過ぎても電話もしてこなかったので、家内はずいぶん心配した。その後は、「今日は遅くなる」と10時頃に電話をかけてくるようになった。高校生になって、行動範囲が増えたせいもあるのかもしれないが、一体何をしているんだか。

どんどん遊びなさい。好きなことをやってよろしい。多少勉強がお留守になっても構わない。色んな世界を知り、色んなことを経験することが大事だ。失敗はつきもの。そこからまた学べばいい。

●上手でなくてもいいもん

1996年9月9日（月）

大地（小4）が「本を読むから聞いて」と言ってきた。音読の宿題である。アナトールというネズミがチーズの試食をする物語である。大地は一生懸命に上手に読み始めた、つもりだった。「これは物語だから、小さい子に聞かせるように読んで」と言うと、大地はむくれてしまった。「お父さん、まず褒めてやらなきゃ。子供を育てるにはまず褒めろっていうでしょ」。大地は涙ぐんでいた。「なに、そのぐらいで泣いてんの！」と僕は言った。なかなか読み返そうとせず、「上手でなくてもいいもん」と怒ったように言い返した。

大地としては上手に読めたねと褒められるのを期待していた。ところが、もっとこうしなさいと言われたことで、批判された、けなされた、と受け止めた。批評の内容が全く的外れならば言い返しもできたかもしれないけれど、思いもしなかった指摘をされてしまった。「そうか、じゃあ頑張る」と言って練習しなおすことを僕は期待していた。批評を受け止め、さらに練習することで高まっていく。大地が普通の子ならば、そんなことは言わない。「上手に読めた、読めた」

と手を叩いておればよい。それよりももう一歩先に、人からの批判、批評にプライドを傷つけられたとしないで、それを糧にしてほしかった。本当に強い人はそれを喜んで受け入れられるのだから。

これは昨日の話。今日はまた気を取り直して、お父さんの前で音読をした。横で、愉喜子が新しいFAXに電話番号の登録をしたくて、「お父さん、どうするの?」とうるさい。大地の音読をちゃんと聞いてやりたいのに。大地は昨日言われたことを少し意識して読んでいた。

●反抗期

1997年9月23日(祝)

「もういい加減にしいや、テレビばっかり見てないで」とついつい言いたくなってしまう。本人の問題なのだから、本人にまかせておかないと、と思いつつ、3日に一遍くらいは言ってしまう。クラブを熱心にするのは構わないが、勉強とクラブの両立を考えたら、そんなにテレビを見てていいの? 僕が高校の頃はもっと勉強してたよ、と思ってしまう。テレビを見ていなかったら、ソファで寝てる。クラブで疲れているのはわかる。でも、じゃあいつ勉強するの? 明海は一向に気にしている風ではない。

親はもっとこうありなさい、こうあってほしい、と思う。ところが、いくら言っても、いくら思っても、子供はしない。それが反抗期なのだろう。

陽介が「ポケベル申し込んでもいい？」と聞いてきた。何もかも自分でするのならいい。高校入学祝いにあげた10万円の定額貯金をおろすようだ。あげた以上そんなものに使うな、とは言えない。親の目から見れば、そんな無駄なところにお金を使わなくてもいいのに、と思う。しかし、それは大人の目。子供には子供の目、子供の考えがある。若い人達と同じようにはできないけれど、若い人達が新しいことや新しいものを取り入れやすい環境を作ることは大人の役割かもしれない。

●お母さんの出発

1997年10月29日（水）

お母さんが1か月間いなくなる。彼女は今年4月からＴＬＩ（天理教語学院）に入学し、中国語の勉強を始めた。そして、1か月間海外研修として、今日、台湾に向けて出発した。

お母さんのいない家庭。何とかなるだろうとは思うけれど、一体どうなるやら。

今日はゆっこが晩ご飯を作ってくれるとはいうものの、ちょっと心配なので、早めに帰ってきた。ゆっこがグラタンをこしらえ、大地がご飯を炊いた。7合も炊いて、少し水加減が多かったけれど、良しとしよう。明海がファルコン（ゴールデン・レトリバー2歳）を散歩に連れて行き、陽介が後片付けをしてくれる。ゆっこが当番を決めるチャートを作った。兄貴2人は中間テスト中なので、クラブもなく早く帰ってきて、夕食は5人揃った。みんななかなか頼もしい。

あっさりしたおじいちゃんとおばあちゃん

1997年11月12日（金）

「お母さんはどうしたの?」「台湾に行ってる」「ふーん」「TLIに入ってて、そこから行ってる。1か月いないねん」「あ、そう」

11月8日、用があって、子供達と一緒に僕の実家に帰った。おじいちゃんとおばちゃんは家内が来れないということは聞いていたけれど、なぜ来れないかまでは知らなかった。それで聞かれ、子供が答えた。

「あ、そう」で終わり。「そりゃ、大変だね」「どうしてるの?」「ちゃんとやれてる?」とかの質問は一切なし。オーストラリアに家族みんなで行っていた時も、「何ぼ電話してもいなかったけど、どうしてたん?」「オーストラリアに行ってた」「みんなで?」「うん」「あ、そう」それで終わり。あっさりしたものだ。おじいちゃんもおばあちゃんも。

構わないし、構われない。勝手にやって、適当に。それで結構うまくいく。

●長い目で

1998年1月22日（木）

電話料金の明細書が届いた。市外のどこにかけたかわかるようにしてもらった。ここのところずっと電話料金が高いからだ。

出てきたわ、出てきたわ。８ページ。４００件余りの市外、１４４件の市内。それらのほとんどが、陽介のポケベルからであった。

「これ見てみ」

「お金払わないかん?」「最近あんまり長電話してないで」

確かに、しばらく前は長電話をよくしていたが、最近はあまりしていないようだ。明海も一時はよく長電話をしていた。陽介もそういう時期があったが、しなくなった。ポケベルもそういうものなのかもしれない。長い目で見てやらなくちゃ。

●どちらが親か

1999年3月26日（金）

「言うことを聞かん人やなあ、逃がしたりよ、かわいそうやんか」と大地が僕に言った。

部屋にスズメが入ってきた。大地がそれを見つけ、窓を開けて逃がしてやろうとした。「待て、待て、捕まえて足輪を付けよう」と僕が言った。彼は僕の言葉を無視して、逃がそうとした。彼は窓を開け、僕は窓を閉めた。それでも彼は窓を開け、僕は閉めた。

「かわいそうやんか」「そんなことはない。鳥の生態を知るためにそうするんだ」「かわいそうやんか」「そんなことはない」。押し問答が続いた。

「時間がかかるやんか」「じゃあ、お父さんがする」「勝手にしいよ」

大地はスズメのいるその部屋を出て行った。僕は懸命に捕まえようとしたが、スズメは逃げ回る。なかなかつかまらない。

「見てたらいらいらするわ。僕がつかまえたげる」と大地が隣の部屋から入ってきた。そして、簡単に捕まえた。

「言うこと聞かん子やな。見てたらいらいらするわ、僕がしたげる」

この言葉はかつて僕が子供達に言ったことがあるような気がする。立場が逆転してしまった。どちらが親で、どちらが子供かわからない。

●願い事

1999年11月5日（金）

神様がいて、何でも願い事を叶えてあげると言われたら、何をお願いする？　ただし、3つだけ。

大地：まずは願い事を無限に叶える。

――それはダメだよ、欲張りすぎ。お父さんを始めとしたブーイングあり。

1．地球を元に戻す（環境破壊から）

――えらい難しいことを考えてるね。で具体的には？

大地：……

2．不老不死

――愉喜子：それって淋しいよ。私は歳取っていい。取ったら取ったなりの経験ができるから。

――母：自分の知ってる人がいなくなるよ。

――大地：（それでも）死なないと困るかな、でも、400歳まで不老不死。

3．毎月30万円入る。

――大地：あまりあり過ぎるといけないか。

明海：

1．アメリカに住む。

2．優雅に暮らす。

3．お金（って言ったかな）。

愉喜子：

1. 頭が良くなる。奈高（奈良高校）で5番くらい。
2. いい旦那さんと巡り合う。
3. ポルシェ。
——（すかさず大地が）それなら1000万円もらった方がいいやん。
父：（ウーンと考えた結果）
1. 1年間の休暇．
あとはもういい。
2. （付け加えるなら）子供達が賢くなる。．
——大地：それって、頭がいいというだけじゃないんでしょ？　人間として賢いということでしょ？

——きみ！　わかってるね！

母：ウーン、願い事は何かと考えるなんて、満たされてる証拠ね。もし誰かが病気だったとしたら、即座にそれが治ってほしいと出てくるよね。

——確かに、ありがたい証拠だ。

しいて言うなら、
1. 中国へ行きたい
陽介：不在（女友達の所にいた？）。

みんなそれぞれ考えている。大地はお金はほしいが、30万円と限っている。「あり過ぎてもいけない」と時々僕が言ってるからか？　愉喜子は女の子だから「歳取りたくない」と賛成するかと思いきや、「歳取っていいし、死んでいい」「それぞれの時代を経験し、楽しめばいい」と思っている。実にそのとおりだ。僕自身も若かったあの頃は良かったけれど、戻りたいとは思わない。

明海は目の前の大学入試については何も望んでいなかった。僕は一番に休暇と答え、あとで子供のことを付け加えた。子供に賢くなってほしい、立派になってほしい、幸せと思ってほしいなど。親として望むのは当たり前なのかもしれないけれど、今の彼らは彼らなりにやっているし、それ以上のことを望むのは親の欲というものだろう。

●ネオフィリア

1999年11月28日（日）

「イスラム教の人が来るよ」

「へぇー、おもしろいじゃん」「初めてだね」「いい機会だね」

はっきり覚えていないけれど、明海と愉喜子が右記のようにポジティブに応えたように思う。

12月11日から13日まで、東南アジア青年の船のホストファミリーになる。それで、マレーシア人とベトナム人が来るが、前者がイスラム教徒である。イスラム教徒は豚肉と豚製品（エキスを含む）は食べず、その他の肉もハラルという手順に従って処理されたものでないと食べないし、酒は飲まず、犬も嫌がられ、1日に5回お祈りをする。それに、12月9日から1か月間はラマダンといって、日が昇っている間はいっさい食べたり、飲んだりしないという変わった戒律を持っている。だから、僕達にとっても一種異様だし、付き合いにくそうなのである。しかし、子供達はそんなことをまるで気にしている様子はなかった。

ネオフィリアとは新しいものを好むことであり、それとは逆に、ネオフォビアとは新しいものを怖がることである。新しいものは知らないことが多く、知らないものにはどんな危険や困難が待ち受けているかもしれない。だから怖い。しかし、知らないことを知ることで大きな収穫が得られるかもしれない。だから好む人は好む。

異文化を持つ人が来るというのはある意味で脅威であり、そういう人と接するのはエネルギーを必要とする。うちの子供達は新しいものを怖がらないで、むしろ積極的に受け入れようとしている。それは新しい環境に適応する力を持っていることを示している。

●僕は我慢している

2000年2月15日（火）

「お兄ちゃん達はいいなぁ、ＭＤ買ってもらって」と大地が言った。

陽介、愉喜子、明海らがコンポでＭＤを聴こうとすると、録音されているものまで、消去されてしまって、「かけるのが怖いわ」云々と話をしている時である。

「なら、大地も使えばいいのに」「MDは使わない。僕がほしいのはテレビ」みんながテレビを見るので、テレビを使ってのゲームが自由にできないのが不満なのだ。

「お前、何を言ってるんだ！　お兄ちゃん達はしてもらっていいなぁと言うけれど、お兄ちゃん達が君の歳には買ってもらえていなかったんだ。テレビだって、明海が小学校に入るまではなかったんだぞ！」と僕は叱った。

「お父さんはボクの気持ち、何もわかってない！」大地は泣きながら反抗した。

2～3か月前にも、大地は陽介とのやりとりの中で、「ボクは色んなことで我慢している」と言い返していた。「具体的にはどんなことだ？」と聞いてみたけれど、彼にはすぐに答えられなかった。しかし、彼にしてみれば、色々あるのだろう。例えば、オーストラリアに行った時、お兄ちゃんやお姉ちゃんはバンジージャンプをしたけれど、年齢制限のため自分だけができなかった。スクーバダイビングも彼がさせてもらえないためしなかった。彼は今でもどこへ行きたいかという話になると、「オーストラリア、そこでバンジー」と言う。

愉喜子は明海や陽介の話についていけるが、大地はまだついていけない。お兄ちゃんやお姉ちゃん達がやっていることを見て、自分もやりたいと思うが、まだできない。それが我慢なのかもしれない。

〝してもらっていない〟と不満に思うことは曲者で、〝そうじゃない。十分してもらっているんだ〟ということをわからせたくて、「君はお兄ちゃんやお姉ちゃんに比べて我慢をしていると言っているが、君の歳にはお兄ちゃんやお姉ちゃんはしていなかった。君は見えるから『ない』

と思うけれど、君の歳に色々してもらっていることを考えると、『ある』のだ。不満と満足は見方の違いによるだけで、ありがたいと思うことが大切だ」と叱った。大地は泣きながら抵抗した。いくら言い返しても、口ではお父さんに負ける。

「大地、また貸したげるから」と明海が慰め、「お父さんにいくら言ってもあかんよ」と陽介が言い、「そんな言い方せんでもいいのに」とお母さんが僕をたしなめた。

大地は自分の部屋に行った。その後の数日間、彼は風邪を引いたり、嘔吐したりして寝込んだ。塾の疲れや、学校の疲れも重なっていたのかもしれない。

大地はそれ以上反論はしなかったけれど、本当に納得したかどうかはわからない。今後、何かの拍子にその感情がまた出てくるかもしれない。その時はもう今回のような言い方はすまいと思う。どういうところで我慢をしているかをしっかり聞き、「そうか、そういうところで我慢をしているのか」と共感をするとか、「よく我慢をしているよ」と褒めるとかをしなければいけないだろう。

●茶髪

2000年5月4日（祝）

陽介が髪を茶色に染めた。そして、その後、刈り上げたので、まさしくパンク。

「自分の髪なんだから、どうしようと好き好きだよね」とお母さんが言った。そうだと思う。

好きにすればいいし、親がとやかく言うことではないと思う。

でもこの髪って、自己アッピールだよね、注目を浴びたいという。世間に対してでもあるだろうけれど、親に対してもアッピールしているのではないだろうか？　親が十分に認めてあげていないこと、認められていると感じていないこと、認めてほしいと思っているかもしれないことを親として反省しなくちゃ。茶髪も含めてそっくりそのままを受け入れて、認めて、信用するようにしよう。

2001年8月28日（火）

陽介（横浜の大学に通っている）がバイクで人をはねた。おばさんを転倒させたらしい。大したことにはならなかったようだが、頭を打って病院へ行った。

バイクに乗ってもいいし、車に乗ってもいいが、事故をしたら自分で責任を取ること。また、陽介は部屋の鍵を失くした。明海も去年の今頃、ちょっとした問題を起こした。一人暮らしの生活に慣れた頃、心のゆるみがあるのだろうか？

●ソーラン節

2002年9月8日（日）

〝金八先生〟のビデオを見ながら、大地と3人の友達が南中ソーラン節のけいこをしていた。

「ここどうするんやろ?」「教えて」などと言いながら、夜遅くまでやっていたようだ。

9月7日青丹祭《せいたんさい》（奈良高校文化祭）、明海が入学した年以来、陽介も愉喜子も同じ高校に入学したが、僕は行っていない。大地がどんな踊りをするのか、というより、彼がみんなの中でどんな振る舞いをするのか、を見に行った。

1年生の各組が運動場に造られた舞台の上で、歌や踊りをやっている。楽しそうではあるが、ああそうか、という程度のものだった。大地のクラスは9組だからか、一番最後だった。司会者の紹介で大地一人がステージに上がった。「この舞台の背景は僕達のクラスで作りました。朝5時半に集まって、ソーラン節を練習しました。見て行ってください…」としゃべった。ピンクのTシャツの上にガクランをはおり、白い鉢巻きを長く垂らして、男女入り混じっての踊りが始まった。「ソーラン、ソーラン」の掛け声と共に見事な踊りが披露された。腰はしっかり落とされ、隣同士が左右上下に反対方向に動くところがよく決まっていた。

見に来た甲斐があった。大地がリーダーとして活躍していることをとても嬉しく思った。

●冒険をしたかった

2004年5月5日（祝）

バッグを1つだけしょって、愉喜子が出かけた。去年の秋にアメリカに出かけ、今回はタイに。前回も一人だったけれど、その時は現地の英語学校に通うというプログラムに添ったものだった。

今回は本当の一人旅。航空券だけを持って、ホテルの予約もせずに出かけた。

「どうだった？」と、彼女が旅から帰ってきた時に尋ねたら、彼女は暗い顔になった。

「どうしたん？」と聞くと、彼女の目にはみるみる涙があふれてきた。

「トランプして、賭けてたんや」

「それでどのくらい取られたん？」

「20万くらい」

「エッ？　そんなお金持ってたんだ」

「カードで引きおろせと言われて」


タイから帰ってきた夜に彼女は三重の下宿に戻った。もっとゆっくり話を聞きたかったのだけれど、「レナちゃんが明日来るから」と言って、帰ってしまった。かわいそうに、お父さんが一緒に付いて言ってあげれば良かったなぁ、と考え込んでしまった。

「まあ、無事で帰れただけ良かったわよ。高い授業料を払ったと思って」と家内は言った。


2か月足らずが過ぎて、この連休に愉喜子が帰ってきた。元気そうだった。「タイはどうだったの？」と改めて聞いた。

飛行機の中で知り合ったおばさんはとてもいい人だった。「ホテルを決めていない」と言うと、「そんな危ない」と言われて、大学の先生をしている関係で、学生向きのドミトリーを紹介してもらった。翌日はその人の息子さん（医学生）に宮殿を案内してもらったりした。

翌日、若い男の人に声をかけられた。彼は「自分も日本でホームステイをしたことがある。京都の吉田さんという家で」と言った。話がはずんで、家まで来ないかと誘われて、付いて行った。彼の家には30歳くらいのお兄さんが居た。カジノでディーラーをしているとのことで、トランプの手品を見せてくれた。そのうちブラックジャックが始まった。「カモが来たから」と耳打ちされ、ラオス人が仲間に入った。お金が賭けられていた。現金を見せないといけないということになって、「カードでお金をおろせる」と言ってしまい、タクシーに乗って、ＡＴＭのある所まで行った。

おろせるだけおろせと言われた。荷物を預けられていたので、言われるとおりにした。「お金は見せるだけで後で返すから」と言われた。「ケータイも買え」と言われ、「私はいらない」と言ったが買わされた。その日は荷物を返してもらって、ホテルに帰った。翌日、バンコクからチェンマイに発つ予定だった。「お金を返し、空港まで送るわ」と言われていたが、彼らは現れなかった。やっぱりだまされたと思った。

「私が悪かったんだ。防げる時はいくつもあったのに」

「バックパッカーをしたかった。ホテルは安い所に泊まりたかった」と彼女は言った。

「何でそんな人について行ったん?」と家内が聞いた。

「色んな人と知り合いになる。それが旅の醍醐味でしょ。冒険したかったんだもの」と、彼女は答えた。

最初に出会ったタイ人がとてもいい人だった。次に出会った人もその調子ですっかり信用してしまった。

「お金を取られたこともそうだけど、信用してた人に裏切られたのもショックだった」と彼女は言った。

なかなか勇気があると僕は思う。彼女が幼稚園児の頃のことを思い出してしまった。東吉野の川に遊びに行った時、彼女は岸から川に向かって、頭からドボーンと飛び込んでは手で顔の水を払いのけ、またドボーンと飛び込むのを繰り返していた。この時もこの子はすごいねと思って見ていた。

最近、若い人に親元から離れたがらない人が増えている。世の中の人達そのものが、何かにつけて〝不安〟を感じるようになってきている。

「よくそんな所に1人で行かせたね」というのが周りの大人達の反応だった。「だまされて帰ってきた」と言うと、「アジアは怖いよ」という話で持ち切りになった。怖いと思っている人には怖いと映るし、そうではないと思っている人にはそうではない楽しい経験が待っている。アジア人であれ、日本人であれ、信用できる人は信用できるのだから。〝渡る世間は鬼ばかり〟と見るのか、〝渡る世間に鬼はなし〟と見るのかの違いだ。

親元を離れて一人暮らしをする。あるいは、1人で見知らぬ土地を旅する。そうすれば、失敗はつきものだし、トラブルに見舞われる。しかし、それらを糧にすればよい。新しいものには危険と負担が伴う。しかし、新しいものから世界は広がり、自分自身の成長につながる。危険を怖れて現状に留まるよりも、リスクを覚悟の上で飛び出すのがよい。そうすることによって、魅力的で価値ある人間になってゆく。

●粘り強いから

2004年7月18日（日）

陽介が大学卒業後、人材派遣会社に勤めるという。そりゃ何年かはいいだろうけど、10年、20年経った後がどうなるか心配だ。銀行にも受かっていたが、銀行員にはなりたくないのだろう。アシスタント・ディレクターになりたいのだと言う。色んな人と話す仕事がしたいと言っていた。テレビ局の下請け会社、海のものとも山のものともわからない。

「大丈夫か？　心配したげるよ」と言うと、

「ボクは粘り強いから、がんばる」と言った。

お母さんはあっさり「自分のしたいことをしたらいい。元気でいてくれさえすればいい」と言った。開けてるね。

●25回目の誕生日

2005年11月5日（土）

君は何を考えているのかよくわからない、というのが僕の素直な気持ちだった。

大学を卒業して、もうすぐ2年が経つ。留学に向けて必死で勉強している風でもない。このまだと、フリーターのまま3年目に入る。これから一体どうするつもり？

「〝人生塞翁が馬〟だと思っている」と明海は答えた。

「浪人をしたから知り合えた友達がいる。東大に入ったら入ったで良かったかもしれないけれど、科技大（現在の都立大学工学部）に入ったから、科技大や中大の友人ができた。人だと思う。自分が死ぬ時のことを考えている。死ぬ時に自分を振り返って、いい人生だったなと思えることや良かったと思えることは、みんなと一緒に何かをやり遂げたことだと思う」と彼は続けた。

「みんなと一緒に何かをやるというのも悪くないね」と僕が言うと、彼の表情はこわばった。一瞬の間があって、

「悪くないとかじゃない。それが一番だと思う」と彼はきっぱり言った。

「心療内科も考えたけど、それは一人でやるもんでしょ。火星にロケットを飛ばすとなると、予算の獲得からロケット作りから、大勢の人が協力してやるもので、決して一人でできるものじゃない。ノーベル賞をもらうより、みんなと何かをやったという方が心に残る」

今はフリーターで、確たる所属もなく、不安定な立場にいる。これからどうなるのか全くわか

らない。自分の望む道に進めるのかどうかもわからない。〃わからない〃ということは不安なことだけれど、自分なりの考えを持っているから、何とかなるだろう。何とかするだろう。

●ありがとう

2006年10月29日（日）

「ありがとうございました、お父さん。ありがとうございました、お母さん」と大地が開口一番言った。

8月上旬に日本を発って、オーストラリアへ行った。ワーキングホリディのはずが、働いたのは2～3週間で、あとはオーストラリアを旅していたようだ。途中、2回お金を送ってと電話をしてきた。1回目は語学学校の授業料とかがいるだろうからと送った。2回目はさすがに、「何言ってんだ！　ワーホリのはずだ。遊びたかったら遊んでいいが、そのお金は自分で工面しろ！　お金がないのなら、エアーズロックやパースには行かずに、帰ってこい！」と言った。彼の声はだんだん小さくなった。

「お父さんに言われて良かった。ツアーにしないで、ヒッチしたり、野宿したりして、いい経験になった。お菓子とかジュース、買わんかったよ」と2か月半の旅から帰ってきた彼は言った。写真を見せてもらったが、どれも明るい顔をしている。ドイツ、韓国、オーストラリアなど色んな国の人達と友達になっている。

「このまま医者になったんじゃいけない。もっと幅のある人間にならなくちゃ」
昔どこかで誰かが言っていたのと全く同じことを彼が言った。無意識のうちに親の生き方を取り入れている。

●海外青年協力隊

2007年11月21日（水）

愉喜子が今年度で天理よろづ相談所病院での看護師勤務をやめると言う。そして、海外青年協力隊に入りたいんだと言う。来年4月頃に試験があるらしいけれど、採用が決まってからやめるのではまたややこしくなりそうだからと。

入隊の動機は、ともかく海外で、旅行ではなく、現地に入り込んで、できれば役に立つ仕事をしながら生活を経験してみたい、というものだ。

「ウガンダとかソマリアとか、どこでもいいの？」と聞くと、「どこでもいい」と答えた。

まあ、好きなようにしたらいいさ。

2008年7月7日（月）

明海が6月30日にアメリカから帰ってきた。フロリダの大学院に入学したのだが、進級できず、1年間で退学し、もう1年間英語研修で滞在していた。

「これからどうするの?」と聞くと、「アフリカへ行きたい」と答えた。「アフリカには若くして死んでいく人がたくさんいる。自分は恵まれているから、それを還元したい」と言う。

アフリカへ行きたいというのは良い。しかし、行って何をするの? 人を助けたいというのは良い。しかし、どうやって助けるの? 生活の基盤がないのに、その基盤を築くことをしないで、小学生のような絵空事を言っている。これが2年間アメリカで勉強してきた結果なのかと思うとがっかりする。

●海外青年協力隊(2)

2008年8月8日(金)

海外青年協力隊に合格したと愉喜子は喜んでいる。派遣先はフィジーで、保健師として2年間働く。彼女は海があるということで大喜び。英語が公用語の1つなので、英語の勉強をしている。

さあ、どんなドラマが待っているだろうか?

●明海君、誕生日おめでとう

2008年11月5日（水）

いつものようにカードを送ろうと思ったけれど、ちょうどいいのが見つからなかった。どんなメッセージを送ろうかと考えたけれど、いいアイデアが浮かばなかった。

君のことを考えると、葛藤に陥る。期待しているのだけれど、期待どおりではないからだ。元気にしているのだから、それだけでいい、と思う。だけど、この子は一体これからどうするつもりだろうかと、つい思ってしまう。

もし、僕の診察室に君がやってきたとしたら、あるいは、ご両親が相談に来たとしたら、何て答えるだろう？

本人に対しては、「まあ、せいぜい悩むことだね」と答え、ご両親に対しては、「能力もあるし、適応力もおありになるから、ご心配でしょうが、長い目で見守るぐらいしかしょうがないんじゃないですか？」と言うかもしれない。

君はアメリカでの2年間の総括がまだできていないのではないか？

「どうだった？」と聞いた時、「役に立ったと思うよ」と君は答えた。そりゃ役に立ったでしょう。でなければ、無駄だったことになる。しかし、はっきり言って、栄光を夢見た挫折ではなかったのか？

アメリカンドリーム。アメリカには夢や希望を持たせてくれる何かがある（のかもしれない）。

そして、多くの人がアメリカに渡る。そして…。

出かける前にふくらませていた夢や希望はどうなった？

一種の挫折、であるとしたら、その原因は何なのか？

その中で、自分はどう感じ、どう考え、どう対処しようとしたのか？　そして、その中で得たものは何か？　そして、それらを今後にどう繋げていくか？　きっちり総括してほしい。

成功した人達はいつも順風満帆だったわけではない。様々な挫折や苦悩を糧にして、伸びていった。君もそうであってほしい。

ところで、これから何をしたいのか？　どうなりたいのか？

「べつに」とか「わからない」とか答える若者が少なからずいて、そう言われると、二の句が継げなくて困ってしまう。そういう人達に比べたら君は随分ましだ。ただ、足が地についていない。

「大学を卒業しているのに、レストランでアルバイト？」と驚かれたことがある、と君は言っていた。教育を受けたくても、受けられない人達が世の中にはたくさんいる。そういう人達から見れば、君は甘い。

最終的には、人が何と思おうと、親が何と言おうと、自分に責任を持ち、自分で納得できていれば良い。

誕生日おめでとう。いいスタートが切れることを願っている。

●明海からの返事

2008年11月10日（木）

手紙届いたよ。ありがとう。

僕のことを考えて葛藤に陥らせてごめんね。期待してくれてありがとう。それは感じるし、嬉しいし、励みになる。元気にさせてもらっているのは、本当にありがたいことだと思う。

僕はこれからどうするつもりなんだろうね。ある程度のビジョンはある。でも、それがどんな形で実現できるのかわからないし、妥協しなければいけないのかもしれないし、不安だし、落ち込むこともある。けれど、何とかなるだろうとも思う（これが父の言う〝考えが甘い〟ってところかな）

さて、アメリカ総括ですが、まず、挫折は感じてる。博士号を取るつもりで行って、マスターすら取れなかったんだから。僕が夢見たのは宇宙飛行士。アメリカに行くことを選んだのも、物理や天文学を選んだのも、すべてその先に宇宙飛行士を見据えてのこと。でも、その夢はほぼ諦めた。そして、そこまで、宇宙飛行士にこだわる必要はないのではという認識に至った。

アメリカでの2年間で得たものは何か？

物理学の世界を見た。アメリカの生活を見た。自分の才能の限界を見た。自分一人でできることがいかに小さいかを痛感した。そして、ちょっとばかりの英語多文化に対する理解。

でもそんなことより、もっと重要なのは、間違いなく「友達」。クラスメートや先輩や教授、バイトで知り合った人、日本人仲間などなど。物理学院生をやっていた1年目と語学学校に通いながら過ごした2年目とでは、2年目の方がずっと楽しかったし、出会えた人の数が多く、幅が広かった。彼らが僕の人生を楽しくし、僕の生きる原動力になっている。死ぬ時、僕は物理をやめたことで出会えた人と楽しい時間を過ごせたことに満足して死ねるんじゃないかと思う。

●感染性心内膜炎

2009年5月9日（土）

フィジーから国際電話があった。海外青年協力隊の健康管理員の山岸さんからだった。

「愉喜子さんが感染性心内膜炎になられて、今フィジーの病院に入院しています」という報告だった。にわかに信じられなかった。「このまますぐに帰国させるか、こちらで治療を続けるか、どうしましょうか?」とも聞かれた。どうやら本当のようだった。

「娘がしたいようにすればいいです」と答えた。

「愉喜子さんに代わります」と山岸さんが言った。

「もしもし、愉喜子、どんなんだ?」と聞くか聞かないうちに

「くやしい!」と彼女は泣いた。こちらも思わずことばに詰まった。

愉喜子はずっとフィジーにおりたかった。できるだけ長くフィジーにいたいという思いから、フィジーの病院で治療を受けた。4週間のペニシリンとゲンタマイシンによる抗生剤の点滴治療

を受け、4月27日に帰国した。翌日、天理よろづ相談所循環器内科を受診し、4月30日に入院した。

今年1月にフィジーに赴任したばかりだった。3月中旬に風邪を引き、39℃以上の熱が続いた。そして、病院を受診したところ、感染性心内膜炎と診断された。感染性心内膜炎というのは心臓の内膜が細菌に冒される病気で、細菌が弁に巣食うので、弁膜症を起こす。愉喜子も感染は収まっていたけれど、僧帽弁がかなり痛んでいて、僧帽弁閉鎖不全症を起こしていた。手術が必要になる可能性が高い。

弁形成術ができればよいが、ひょっとすると、人工弁を入れなければいけないかもしれない。弁形成術がうまくいき、術後の合併症が起こらなければ、無理をしない程度の日常生活は可能となる。人工弁を入れたとすれば、すべからく手術がうまくいったとしても、一生抗凝固薬であるワーファリンを服用しなければならない。ワーファリンは諸刃の剣で、人工弁に血栓ができないようにするためなのだが、同時に血が止まりにくくなる。だから、結婚できたとしても、妊娠・出産に大きな危険が伴う。

ゴールデンウイークの間、外泊をしたが、彼女はずっと家に居た。今までなら考えられないことだ。運動という運動はすべてできない。

「まあ、手足動くんだし、ごはんもおいしいし、寝られるし、いい方へ考えよう」と彼女は言う。今までできていたことができなくなった。それが今後も続くかもしれない。夢が、楽しみが取り上げられた。しかし、愚痴や泣き言を彼女は言わない。きつい検査や治療も受け入れている。

けなげに生きている。

2009年6月23日（火）

循環器内科での検査を終え、愉喜子は退院してきた。「手術が必要です」と言われた。手術は、以前に天理よろづ相談所病院に勤めていて、神戸大学の心臓血管外科教授をしている大北先生にお願いすることにした。一緒に仕事をしていたこともあるので、快く引き受けてくださった。手術は弁の状態が落ち着いてから、ということで1か月先になった。

先日、「お父さん、胸が痛い！」と突然、愉喜子が泣き出した。普段は決して泣き言を言わないが、やはりつらく、不安な思いをしているのだろう。その日は少し動き回ったらしかった。血圧や脈は落ち着いており、特に心配しないといけないような所見はなかった。その日は早めに寝たら、翌朝にはおさまっていた。

●もうおまかせしよう

2009年7月19日（日）

もうおまかせしよう
君のことだから、色々考えているとは思うけれど、もうおまかせしよう
一生懸命頑張ってくださっている大北チームにおまかせしよう

その先は、神様におまかせしよう
どんな結果になったとしても、受けて立てばいい
「精一杯頑張ります」と大北先生はおっしゃった
それだけでありがたいと思っている

手術法について尋ねられたとき
嫁入り前ですので、傷口は目立たないのに越したことはありませんが、
大事なのは中身です
先生が一番やりやすい方法でお願いします
と大北先生に返事した
手術の痕は勲章だ
流した涙の勲章だ
明るく振る舞ってはいるけれど、私だって苦労したのよ、という勲章だ

今まではずっと第三者として病気をみてきた
今は第二者としてみている
まだ第一者にはなれない

患者さんをみて
もし自分がこうなったらどうしよう？
もし自分の家族がこうなったらどうしよう？　と考えてきた
第三者から第二者に移っても　結論は変わらない
第二者から第一者は　ひょっとすると非常に大きな壁があるかもしれない
全く違う世界なのかもしれない
全く知らない僕に言う資格はないのかもしれない
しかし、もし自分が第一者になったとしても　結論は変わらない、でありたい
「もうおまかせしよう　結果を受けて立てばいい」

その後の経過ですが、愉喜子は人工弁を入れる必要がなく、弁形成術がうまくいったので、ほぼ普通の日常生活が送れています。そして、結婚、出産もしました。残りの3人もそれぞれの世界で頑張っています。

ところが、本文の最後に「まだ第一者にはなれない」と書いた私が2019年10月下旬に第一者になりました。大腸癌が見つかったのです。しかも、大腸癌の中でも進行の速いタイプで、見つかった時点で肝臓に多発性の転移巣がありました。大いに悩むところですが、結論は変わりません。「もうおまかせしよう　結果を受けて立てばいい」です。

同年11月に入ってからは、日に日に体調が悪くなり、血液検査の結果もどんどんひどくなりました。そのちょうど悪くなりつつあった頃、この本の原稿を書き終えようとしていました。急いでまとめることをしながら、この調子で病気が進行していけば、この本が完成するのを見届けられないのではないかと心配しました。また、結果を受けて立つので、残された人生をどう生きようか、死ぬときはどういう形がいいかなどを真剣に考え、身辺整理を始めました。

ところが、ありがたいことに、腫瘍を外科的に切除することはできませんでしたが、人工肛門を造り、抗癌剤による治療を始めてからは、家族や親族や友人らの真摯な祈りもあって、病状は少しずつ快方に向かっています。

まだ、その治療は始まったばかりで、このまま順調に快復するかどうかはわかりませんが、どうやらもう少し生き永らえることができそうです。そして、この本が世に出るのも見届けられると思います。

最後に、この本を手に取ってくださった読者の皆様方に感謝致します。

合掌

２０２０年１月20日

岡部 憲二郎

岡部憲二郎（おかべ　けんじろう）

1977年　鳥取大学医学部卒業
1977年　天理よろづ相談所病院内科系レジデント
1979年　九州大学医学部心療内科入局
1981年　北九州市立小倉病院（現在は北九州市立医療センター）赴任
1982年　新日鉄八幡病院（現在は製鉄記念八幡病院）赴任
1983年　九州大学医学部心療内科に戻る
1984年　天理よろづ相談所病院心療内科開設のため着任
2012年　天理よろづ相談所病院定年退職
2012年　イギリス・ケント大学入学
2016年　イギリス・ケント大学医療人類学科卒業
2016年　おかたに病院（奈良市）就職
現在に至る

著書：『生きること悩むこと―心療内科医と患者さんの物語』（講談社ビジネスパートナーズ）

まされる宝―心療内科医とその妻の子育てエンジョイ記

2020年2月25日　第1刷発行

著　者――岡部憲二郎、登喜子
発行者――久保 則之
発行所――あけび書房株式会社
102-0073　東京都千代田区九段北1-9-5
☎03.3234.2571　Fax 03.3234.2609
akebi@s.email.ne.jp　http://www.akebi.co.jp

組版・印刷・製本／モリモト印刷　ISBN978-4-87154-178-7　C0095